Jean-Pierre Jeunet
Guillaume Laurant

Le fabuleux destin d'Amélie Poulain

Le scénario

Ernst Klett Sprachen
Stuttgart

Table des matières

Prologue

Le trois septembre 1975, à douze heures, vingt-huit minutes et trente-deux secondes, un moucheron de la famille des Forcipomyia, merveille de la nature, capable de produire 62 670 battements d'aile à la minute, se posait sur la route de Banon, dans les Alpes-de-Haute-Provence... (*Une voiture surgit de l'arrière et l'écrase...)*

A la même seconde, à la terrasse d'un restaurant, dans un petit village grec de l'île de Kalymnos, le vent s'engouffrait comme par magie sous une nappe, faisant danser les verres, sans que personne ne s'en aperçoive...

Au même instant, à New York, au sud de Manhattan, Joseph Polonski, de retour de l'enterrement de son meilleur ami Wendel Curtis, en effaçait le nom de son carnet d'adresses...

Toujours à douze heures, vingt-huit minutes et trente-deux secondes, un spermatozoïde pourvu d'un chromosome X appartenant à M. Raphaël Poulain se détachait du peloton pour atteindre un ovule appartenant à Mme Poulain, née Amandine Fouet.

Neuf mois plus tard, naissait... Amélie Poulain.

2 un moucheron une sorte de *mouche* (Fliege) – 2 **une merveille** Wunder – 3 **un battement** → battre – 5 **surgir** arriver rapidement – 5 **écraser** zerdrücken; *ici:* überfahren – 7 **grec, grecque** griechisch – 7 **s'engouffrer** entrer (en grande quantité) – 8 **une nappe** Tischdecke – 11 **un enterrement** une cérémonie pendant laquelle on met un mort en terre – 12 **effacer** wegwischen, ausradieren – 14 **pourvu,e de qc** qui a qc – 15 **se détacher** *ici:* se séparer (sich lösen) – 15 **un peloton** un groupe (de sportifs) – 15 **atteindre qc** arriver jusqu'à qc – 16 **un ovule** Eizelle – 17 **naître** → la naissance

1

Le père d'Amélie, ancien médecin militaire, travaille aux Etablissements thermaux d'Enghien-les-Bains.
Raphaël Poulain n'aime pas :
– Pisser à côté de quelqu'un
– Tituber en marchant dans le couloir d'un train
– Sortir de l'eau et sentir coller son maillot de bain.
Raphaël Poulain aime :
– Couper les virages dans les descentes sans les freins
– Aligner toutes ses chaussures et les cirer avec soin
– Vider sa boîte à outils, bien la nettoyer, et tout ranger enfin.

La mère d'Amélie, Amandine Fouet, institutrice originaire de Gueugnon, a toujours été d'une nature instable et nerveuse.
Amandine Poulain n'aime pas :
– Avoir les doigts plissés par l'eau chaude du bain
– Etre, par quelqu'un qu'elle n'aime pas, effleurée de la main
– Avoir les plis des draps imprimés sur la joue le matin.
Amandine Poulain aime :
– Couper les virages dans les descentes sans les freins... *(En réalité, assise à côté de son mari sur le siège du passager, elle est terrorisée.)*
– Faire briller le parquet en marchant toute la journée avec des patins...
– Vider son sac à main, bien le nettoyer, et tout ranger enfin.

Amélie a six ans. Comme toutes les petites filles, elle aimerait que son père la serre dans ses bras de temps en temps. Mais il n'a de contact physique avec elle qu'au cours de l'examen médical mensuel.

Le père d'Amélie ausculte l'enfant avec un stéthoscope.

La fillette, bouleversée par cette intimité exceptionnelle, ne peut empêcher son cœur de battre la chamade. Dès lors, son père la croit victime d'une anomalie cardiaque.

1 **un établissement thermal** Kur- und Badeanstalt – 4 **pisser** *fam.* uriner – 5 **tituber** taumeln – 6 **coller** kleben – 8 **un frein** Bremse – 9 **aligner** placer sur une ligne – 9 **une chaussure** Schuh – 9 **cirer** *ici:* putzen – 9 **le soin** Sorgfalt – 10 **un outil** [uti] Werkzeug – 11 **originaire de** qui est né(e) à – 14 **un doigt** Finger – 14 **plisser** faire des *plis* (Falten) – 15 **effleurer** toucher légèrement – 16 **imprimer** drucken – 19 **un siège** Sitz – 20 **le parquet** Holzfußboden – 21 **des patins** *m. ici:* Filzpantoffel – 25 **mensuel,le** → le mois – 26 **ausculter** abhorchen – 27 **une fillette** une petite fille – 27 **bouleversé,e** überwältigt – 28 **battre la chamade** wild klopfen – 28 **dès lors** von da an – 29 **une victime** Opfer – 29 **une anomalie cardiaque** Herzfehler

A cause de cette maladie fictive, la petite Amélie ne va pas à l'école. C'est sa mère qui lui tient lieu de préceptrice.

La mère désigne une phrase écrite au tableau : « Les poules couvent souvent au couvent. »

AMÉLIE *(lisant)* Les poules couvent...

LA MÈRE Très bien...

AMÉLIE ... souve au couve...

LA MÈRE Nooon...

Privée du contact des autres enfants, ballottée entre la fébrilité perpétuelle de sa mère et la distance glaciale de son père, Amélie n'a de refuge que dans le monde qu'elle invente.

La fillette, déguisée en infirmière, imitant son père, ausculte un crocodile imaginaire qui la regarde avec une bonne tête gentille.

Dans ce monde, les disques vinyles sont fabriqués comme des crêpes, les nuages français sont produits par les usines atomiques et la femme du voisin, dans le coma depuis des mois, a en réalité choisi d'effectuer d'une traite la totalité de ses heures de sommeil.

La femme allongée sur son lit sort du coma et s'assoit très tranquillement.

LA FEMME *(très calmement)* Comme ça, je pourrai rester éveillée nuit et jour tout le reste de ma vie... *(Et elle se rendort...)*

Le seul ami d'Amélie s'appelle « Le Cétacé ». Malheureusement, l'ambiance familiale a rendu le poisson rouge neurasthénique et suicidaire.

Le poisson saute hors de son bocal et tombe sur le carrelage de la cuisine. La petite appelle au secours tandis que la mère pousse des cris hystériques.

Finalement, Le Cétacé a retrouvé son aquarium, qu'on a bouché avec un annuaire.

Les tentatives de suicide répétées du Cétacé ne font qu'augmenter le stress maternel... Et réciproquement. Finalement, une décision est prise.

2 **tenir lieu de** jouer le rôle de – 2 **une préceptrice** Privatlehrerin – 3 **désigner** montrer – 4 **couver** brüten – 4 **un couvent** Kloster – 9 **privé,e de qc** um etw. beraubt – 9 **ballotté,e** hin und her gerissen – 9 **la fébrilité** Hektik – 10 **perpétuel,le** constant – 10 **glacial,e** très froid – 12 **déguisé,e** verkleidet – 17 **effectuer** faire – 17 **d'une traite** en une seule fois – 17 **le sommeil** le fait de dormir – 20 **être éveillé,e** ≠ dormir – 21 **se rendormir** se remettre à dormir – 22 **un cétacé** Walfisch – 23 **neurasthénique** neurotisch – 23 **suicidaire** → le suicide – 25 **un bocal** *ici:* un aquarium – 25 **le carrelage** Bodenfliesen – 26 **tandis que** pendant que – 30 **une tentative** Versuch – 31 **réciproque** gegenseitig – 31 **une décision** → décider

Sous la pluie, la mère et la fille entrent dans un jardin public. Arrivée devant le bassin du jardin, la mère ouvre son manteau et en sort l'aquarium du poisson, qu'elle vide dans le bassin. Un sanglot au fond de la gorge, Amélie voit son seul ami disparaître sous la surface troublée par la pluie.

Pour consoler Amélie, sa mère lui fait cadeau d'un instamatic Kodak d'occasion.

Amélie photographie des nuages en forme d'animaux. A l'instant précis où elle appuie sur le bouton, un accident de voiture se produit au coin de la rue.

Un voisin profite de la naïveté d'Amélie pour lui faire croire que son appareil photo a un défaut : il déclenche des accidents. Comme elle a pris des clichés tout l'après-midi, un doute affreux l'assaille le soir venu. Elle s'effondre devant la télé, accablée par la responsabilité d'un gigantesque carambolage, de deux déraillements, et du crash d'une Caravelle.

Quelques jours plus tard, réalisant qu'il s'est moqué d'elle, Amélie décide de se venger du voisin.

Fanatique de football, le voisin regarde une finale à la télévision. Amélie, cachée dans la cave, un poste à transistors contre l'oreille, suit l'action afin de débrancher le câble de l'antenne dès que le ballon approche des buts. La rage du voisin lui parvient jusque dans sa cachette...

Et puis un jour, c'est le drame. Comme chaque année, Amandine Fouet emmène sa fille brûler un cierge à Notre Dame, afin que le ciel lui envoie un petit frère. La réponse divine intervient trois minutes plus tard. Malheureusement, ce n'est pas un nouveau-né qui tombe du ciel sur le parvis de Notre Dame, mais une touriste québécoise, Marguerite Bouchard, résolue à en finir avec la vie à la suite d'un chagrin d'amour. Amandine Poulain, née Fouet, est tuée sur le coup.

2 **un bassin** Becken – 3 **un sanglot** Schluchzen – 5 **la surface** Fläche – 5 **troublé,e** *ici:* getrübt – 6 **un instamatic** un appareil photo – 7 **d'occasion** *(f.)* gebraucht – 9 **appuyer** drücken – 9 **un bouton** Knopf – 12 **un défaut** Defekt – 13 **un cliché** une photo – 13 **un doute** Zweifel – 13 **affreux, -euse** *ici:* terrible – 13 **assaillir** *ici:* plagen – 14 **s'effondrer** zusammenbrechen – 14 **accablé,e** déprimé – 14 **la responsabilité** Verantwortung – 15 **un déraillement** Entgleisung – 16 **une Caravelle** un type d'avion – 17 **réaliser** *ici:* comprendre – 18 **se venger** sich rächen – 21 **afin de** pour que – 21 **débrancher** ausstöpseln – 22 **parvenir** arriver – 25 **emmener** mitnehmen – 25 **un cierge** Kerze – 26 **divin,e** göttlich – 26 **intervenir** *ici:* arriver – 28 **le parvis** Vorplatz – 29 **résolu,e** décidé – 30 **un chagrin** Kummer – 30 **sur le coup** auf der Stelle

Après la mort de sa mère, Amélie se retrouve en tête-à-tête avec son père. Celui-ci, déjà peu liant, se replie encore davantage sur lui-même. Il se lance dans la construction maniaque d'un mausolée miniature pour y recueillir les cendres de sa femme.

Le mausolée est au milieu du jardin. Il y ajoute des accessoires avec soin, tandis qu'Amélie le regarde par la fenêtre.

Les jours, les mois, puis les années passent. Le monde extérieur paraît si mort qu'Amélie préfère rêver sa vie en attendant d'avoir l'âge de partir.

Les années passent. Amélie, devenue adolescente, quitte la maison, valise à la main.

2 **liant,e** qui aime le contact – 2 **se replier** sich zurückziehen – 2 **davantage** plus – 3 **maniaque** pingelig – 4 **recueillir** aufsammeln – 4 **les cendres** *f.* Asche – 7 **extérieur,e** ≠ intérieur

2

Cinq ans plus tard, Amélie Poulain est serveuse dans un café-restaurant de Montmartre, le « Tout va mieux ». Elle a vingt-deux ans.

Nous sommes le vingt-huit août 1997, exactement à trois jours de l'événement qui va changer sa vie. Mais ça, pour le moment, elle n'en sait rien.

Suzanne, la patronne, boite un peu mais elle n'a jamais renversé un verre. Quand elle était jeune, elle était danseuse équestre à Médrano. Elle aime : les sportifs qui pleurent de déception. Elle n'aime pas : voir dans son café un homme être humilié devant son enfant.

Au tabac, c'est Georgette, la malade imaginaire. Quand elle n'a pas de migraine, c'est le nerf sciatique qui coince. Celle-là n'aime pas entendre : « le fruit de vos entrailles est béni. »

Gina, la collègue d'Amélie, est née en Normandie. Sa grand-mère était guérisseuse. Ce qu'elle aime, c'est faire craquer les os. On la voit qui sert un monaco à Hipolito, l'écrivain raté. Lui, ce qu'il aime par-dessus tout, c'est voir à la télé un toréador se faire encorner.

Le type qui les observe l'air mauvais, c'est Joseph, un amant jaloux éconduit par Gina. Il passe ses journées à l'espionner pour voir s'il a un remplaçant. La seule chose que celui-là aime, c'est crever les pustules des emballages en plastique.

Et enfin, voilà Philomène, l'hôtesse de l'air. C'est Amélie qui garde son chat « Rodrigue » quand elle part en voyage. Philomène aime le bruit que fait le bol d'eau du chat, quand on le pose sur le sol. Rodrigue quant à lui, aime ramener les souris crevées sur le tapis du salon, et il aime être présent quand on raconte des histoires aux enfants.

On peut voir que, toujours disponible et avenante, tout le monde l'aime bien. Mais on sent qu'elle reste très secrète et ne se lie véritablement avec personne.

4 **un événement** Ereignis – 6 **la patronne** Chefin – 6 **boiter** hinken – 6 **renverser** *ici:* faire tomber – 7 **équestre** qui concerne les chevaux – 7 **Médrano** nom d'un cirque – 9 **humilier** demütigen – 11 **le nerf** [nɛʀ] **sciatique** Ischiasnerv – 11 **coincer** klemmen – 12 **le fruit de vos entrailles est béni** gebenedeit ist die Frucht deines Leibes – 14 **une guérisseuse** Heilpraktikerin – 15 **un monaco** un mélange de bière, de limonade et de grenadine – 15 **un écrivain** Schriftsteller – 16 **un toréador** Torero – 16 **encorner** auf die Hörner nehmen – 17 **un amant** Liebhaber – 18 **éconduire** abweisen – 18 **espionner** nachspionieren – 19 **un remplaçant** Nachfolger – 19 **crever** *ici:* platzen lassen – 19 **une pustule** Bläschen – 20 **un emballage** Verpackung – 21 **une hôtesse de l'air** Stewardess – 26 **disponible** qui a du temps pour les autres – 26 **avenant,e** agréable – 27 **véritablement** vraiment

Souvent, le dimanche, si elle ne travaille pas, Amélie prend le train gare du Nord, pour aller rendre visite à son père.

Amélie s'approche du quai. En passant, elle veut donner une pièce à un clochard.

CLOCHARD Ah non, merci ma petite dame, je ne travaille jamais le dimanche.

Dans le jardin du père, celui-ci décore son mausolée. Derrière lui, Amélie arrose les fleurs.

LE PÈRE Tu prends toujours tes cachets ?

AMÉLIE Mais oui, papa.

LE PÈRE Tu n'es pas essoufflée, au moins ???

AMÉLIE Mais non, papa.

Plus tard, ils dînent dans la cuisine.

AMÉLIE Mais pourquoi tu ne profiterais pas de ta retraite pour voyager ? Tu n'as jamais quitté Enghien.

LE PÈRE Quand on était jeune, on aurait bien voyagé, avec ta mère, mais on ne pouvait pas à cause de ton cœur... Alors maintenant...!

Parfois, le vendredi soir, Amélie va au cinéma.

AMÉLIE J'aime bien me retourner dans le noir et contempler le visage des autres spectateurs... *(On voit des dizaines de visages avec la même expression de joie.)* Et puis j'aime bien repérer le petit détail que personne ne verra jamais... *(On voit un extrait de « Jules et Jim ». A la fin du film, une mouche sur une vitre semble entrer dans la bouche de Jeanne Moreau.)* Par contre, j'aime pas dans les vieux films américains, quand les conducteurs ne regardent pas la route...

Amélie n'a pas d'homme dans sa vie. Elle a bien essayé une fois ou deux, mais le résultat n'a pas été à la hauteur de ses espérances.

En revanche, elle cultive un goût particulier pour les tout petits plaisirs : plonger la main au plus profond d'un sac de riz, faire des ricochets au bord de la Seine ou briser la croûte des crèmes brûlées avec le dos de la petite cuillère...

9 **un cachet** Tablette – 11 **essoufflé,e** außer Atem – 14 **la retraite** Ruhestand – 18 **parfois** quelquefois – 19 **contempler** regarder – 20 **un spectateur** Zuschauer – 21 **la joie** le bonheur – 21 **repérer** remarquer – 27 **à la hauteur de** entsprechend – 27 **une espérance** un espoir – 28 **en revanche** par contre – 28 **cultiver** *ici:* pflegen – 28 **un goût** Geschmack; *ici:* Vorliebe – 28 **particulier,-ère** besondere(r) – 29 **plonger** tauchen; *ici:* mettre – 29 **au plus profond de** tief hinein – 30 **faire des ricochets** *(m.)* Kieselsteine hüpfen lassen – 30 **briser** casser – 30 **une croûte** Kruste

De son appartement, Amélie regarde en bas, chez son voisin, M. Dufayel, avec une lorgnette.

Dufayel, vieil homme au regard étrange, habillé d'une robe de chambre, est occupé à peindre un tableau.

Lui, c'est l'homme de verre. A cause d'une maladie congénitale, ses os se cassent comme du cristal. Une simple poignée de main risquant de lui broyer les métacarpes, ça fait vingt ans qu'il évite de sortir de chez lui.

Amélie est maintenant assise sur le toit de son immeuble.

Le temps n'a rien changé, Amélie continue à se réfugier dans la solitude. Elle prend plaisir à se poser des questions idiotes sur le monde ou sur cette ville qui s'étend là sous ses yeux… Combien de couples, par exemple, sont-ils en train d'avoir un orgasme, à cet instant précis ?

(On voit une suite extrêmement rapide de quinze orgasmes.)

AMÉLIE *(au spectateur)* Quinze…!

Et nous voilà enfin le 31 août 1997, à 23h16. C'est alors que survient l'événement qui va bouleverser la vie d'Amélie Poulain.

La télé est restée allumée. On apprend l'accident de Lady Di sous le pont de l'Alma.

Dans sa salle de bain, Amélie, sous l'effet de la surprise, laisse tomber un flacon de parfum… Celui-ci roule au sol, et vient heurter un carreau, qui tombe avec un bruit mat.

Amélie, un œil sur la télévision, se penche machinalement pour reprendre le flacon, quand elle sent soudain une cavité.

Intriguée, elle met sa main à l'intérieur, et en sort une vieille boîte de bonbons en métal.

De plus en plus curieuse, elle éteint la télévision. Dans le silence de la nuit, Amélie ouvre délicatement la boîte de métal…

On voit à l'intérieur de la boîte des billes, un petit coureur cycliste, une photo de Just Fontaine, des osselets, etc…

2 **une lorgnette** Opernglas – 3 **étrange** bizarre – 3 **une robe de chambre** Morgenrock – 4 **peindre** → un peintre – 5 **congénital,e** angeboren – 6 **une poignée de main** Händedruck – 7 **broyer** zerquetschen – 7 **un métacarpe** Handknochen – 7 **éviter** vermeiden – 9 **se réfugier** → un refuge – 9 **la solitude** le fait d'être seul – 11 **s'étendre** *ici:* sich ausbreiten – 11 **un couple** Paar – 16 **survenir** se passer – 16 **bouleverser** changer complètement – 19 **un effet** Wirkung – 20 **un flacon** une petite bouteille – 20 **heurter qc** taper contre qc – 21 **un carreau** *ici:* Fliese – 22 **machinal,e** automatique – 23 **soudain** tout à coup – 23 **une cavité** un trou – 24 **intrigué,e** stutzig – 28 **une bille** Murmel – 28 **un coureur cycliste** Radrennfahrer – 29 **Just Fontaine** un joueur de football – 29 **des osselets** *m.* Spiel mit (Plastik)Knöchelchen

Seul le premier homme à avoir pénétré à l'intérieur du tombeau de Toutankhamon pourrait comprendre l'émotion d'Amélie, tandis qu'elle découvre cette cachette au trésor, qu'un petit garçon a pris soin d'enfouir il y a une quarantaine d'années.

Amélie réalise soudain qu'en quittant le pavillon d'Enghien, elle ne faisait que fuir. Nous sommes le premier septembre 1997, il est deux heures seize, et le déclic se produit. Amélie a enfin un but. Où qu'il soit, elle va retrouver le propriétaire de la boîte aux souvenirs et lui restituer son trésor.

1 **pénétrer** entrer – 2 **Toutankhamon** Tutanchamun – 3 **une cachette** → cacher – 3 **un trésor** Schatz – 4 **enfouir** mettre en terre; *ici:* cacher – 7 **un déclic** Auslöser – 9 **restituer** rendre

3

Amélie frappe à la porte de la concierge.

LA CONCIERGE Tiens, la petite demoiselle du cinquième, c'est pas souvent qu'on vous voit.

AMÉLIE Excusez-moi… un petit garçon qui habitait chez moi dans les années cinquante, ça ne vous dit rien ?

LA CONCIERGE *(l'entraînant dans la loge)* Vous prendrez bien un petit porto ?

AMÉLIE Euh… non merci.

La loge est pleine d'objets. On voit un chien noir empaillé et une vieille caisse enregistreuse.

LA CONCIERGE *(se servant un verre)* J'en ai vu grandir tellement, des petits garçons… Au début, c'est mignon, mais ensuite il y a les marrons, les boules de neige, les chewing-gums au plafond…

AMÉLIE *(amusée)* Et vous êtes arrivée ici en quelle année ?

LA CONCIERGE En soixante-quatre… *(baissant d'un ton)* Les gens ont dû se faire une joie de vous raconter…

AMÉLIE Non… je ne vois pas.

LA CONCIERGE Mon mari était comptable à la « Coccinelle-assurance ». Les gens adorent raconter qu'il couchait avec sa secrétaire… Faut dire qu'ils ont écumé tous les hôtels des Batignoles. Et pas les plus miteux. Parce que, la greluche, c'était le genre à écarter les cuisses dans du satin. C'est pour ça qu'il s'est mis à piquer dans la caisse. Discrètement d'abord, puis cinquante millions d'un coup. Et hop, envolés tous les deux dans la pampa.

Amélie, cachant un sourire, s'approche du chien empaillé.

LA CONCIERGE *(désignant le chien)* Me faire ça à moi, passe encore, mais à lui…

Amélie le caresse du bout des doigts.

LA CONCIERGE On l'appelait « Lion noir », parce que, à force de se rouler à nos pieds, il faisait briller nos chaussures… Les premières années, j'ai pleuré sans arrêt… alors votre gamin, même s'il était passé cent fois devant la loge…

6 **entraîner** *ici:* tirer – 6 **une loge** un appartement de concierge – 7 **un porto** Portwein – 9 **empaillé,e** ausgestopft – 10 **une caisse-enregistreuse** Registrierkasse – 11 **grandir** devenir grand – 11 **tellement** so (viel) – 12 **mignon,ne** niedlich – 13 **un marron** Kastanie; *ici:* Schlag – 13 **un chewing-gum** Kaugummi – 18 **une coccinelle** Marienkäfer – 20 **écumer** *ici:* visiter – 20 **les Batignoles** un quartier de Paris – 21 **miteux, -euse** pauvre et sale – 21 **une greluche** *fam.* une fille – 21 **écarter** *ici:* ouvrir – 22 **les cuisses** *ici:* les jambes – 22 **piquer** *ici: fam.* voler – 31 **un gamin** *fam.* un enfant

AMÉLIE C'était en silhouette dans le brouillard…

LA CONCIERGE Comme vous dites.

AMÉLIE Et dans l'immeuble, à votre avis, il n'y a personne qui pourrait me renseigner ?

LA CONCIERGE *(ne l'écoutant pas)* Le 14 janvier 1967, quelqu'un est venu m'annoncer que mon mari était mort dans un accident de voiture, là-bas, en Amérique du Sud. Ma vie s'est arrêtée et Lion noir, lui, il s'est laissé mourir de chagrin.

Elle regarde le chien empaillé.

LA CONCIERGE Un regard de chien, ça vous apprend à pardonner. Vous avez vu avec quel amour il continue à regarder son maître ?

Le regard du chien est dirigé vers un portrait du mari.

LA CONCIERGE La prochaine fois, je vous lirai ses lettres.

Elle approche de la caisse enregistreuse, l'ouvre et en sort un paquet d'enveloppes.

LA CONCIERGE *(en ouvrant une)* Tiens, là, il était à la caserne : « Mado chérie… Ton absence me devient chaque jour un peu plus pénible. Je suis en exil, dans un monde désespérément kaki. Je ne dors plus, je ne mange plus. Je vis avec la certitude d'avoir laissé ma seule raison de vivre à Paris. Je ne la retrouverai que vendredi en quinze, en voyant apparaître ma belette adorée sur le quai de la gare, dans sa robe bleue à bretelles (celle que tu trouves trop transparente). »

La concierge se met à pleurer.

LA CONCIERGE Est-ce qu'on vous a déjà écrit des lettres comme ça, Mademoiselle ?

AMÉLIE *(souriant)* Non, je ne suis la belette de personne.

LA CONCIERGE Je m'appelle Madeleine Walace. On dit « pleurer comme une madeleine », et « Walace »… il y a les fontaines Wallace… C'est vous dire si j'étais prédestinée aux larmes ! *(Elle se ressert un verre)*. Pour votre affaire, allez voir l'épicier Collignon, il a toujours été dans l'immeuble…

Amélie quitte la loge en remerciant.

Devant l'épicerie, Collignon, la cinquantaine, est en train de refaire son étalage. Amélie met discrètement la main dans un sac de riz.

1 **le brouillard** Nebel – 10 **pardonner** verzeihen – 11 **le maître** *ici:* Herrchen – 17 **l'absence** *f.* le fait de ne pas être là (≠ la présence) – 18 **pénible** dur, difficile – 18 **désespéré,e** *ici:* hoffnungslos (→ espérer) – 19 **une certitude** qc qui est sûr, certain – 21 **une belette** Wiesel – 22 **une bretelle** Träger – 28 **une madeleine** Eiergebäck – 29 **Richard Wallace** englischer Mäzen, der viele Pariser Brunnen finanziert hat – 34 **un étalage** Schaufensterauslage

AMÉLIE Bonjour.

COLLIGNON Bonjour l'Amélie-mélo ! Une figue et trois noisettes, comme d'habitude ???

AMÉLIE Je voulais vous demander... les gens qui habitaient chez moi dans les années cinquante, vous n'auriez pas une idée de leur nom ?

COLLIGNON Alors là, ma petite demoiselle, vous me posez une colle. En cinquante, j'avais deux ans... exactement l'âge mental de ce crétin, aujourd'hui.

L'épicier désigne son employé Lucien, occupé à servir avec attention des endives à une cliente.

Le crétin, c'est Lucien. C'est vrai que Lucien n'est peut-être pas un génie, mais Amélie l'aime bien. Elle aime sa façon délicate de saisir les endives, comme si c'était des objets précieux qu'il devait manipuler avec respect. C'est sa manière à lui de manifester son amour du travail bien fait.

COLLIGNON *(à la cliente)* Non mais regardez-le... on dirait qu'il est en train de recueillir un oiseau tombé du nid... Une chance que vous ne lui ayez pas demandé des raisins de Corinthe, vous n'auriez plus qu'à repasser lundi ! Allez remue-toi, le trisomique, la dame, elle a pas que ça à faire !

L'épicier note une adresse sur un bout de papier.

COLLIGNON Tenez, allez voir ma mère, elle a une mémoire d'éléphant... d'éléphant de mer... Ah ah ah... !

Amélie s'en va.

Amélie arrive en marchant devant un pavillon de banlieue. Tout en examinant le numéro, elle ramasse machinalement deux ou trois cailloux plats qu'elle met dans sa poche. Puis elle sonne.

Dans le jardin du pavillon, Amélie est assise en face d'un vieux Monsieur qui réfléchit :

LE VIEUX Bredoteau !

AMÉLIE Pardon ?!?

LE VIEUX C'est le nom que vous cherchez. Mais si c'est moi qui vous le dis, ça ne compte pas *(baissant la voix)* : Je suis gâteux.

2 **un méli-mélo** Kuddelmuddel – 2 **une figue** Feige – 2 **une noisette** Haselnuss – 7 **une colle** *ici: fam.* knifflige Frage – 8 **un crétin** un idiot – 10 **une endive** Chicorée – 13 **précieux, -euse** wertvoll – 13 **manipuler** handhaben – 14 **une manière** Art, Weise – 17 **un nid** Nest – 19 **repasser** *ici:* revenir – 19 **se remuer** bouger plus vite – 19 **trisomique** mongoloid – 26 **ramasser** aufheben – 27 **un caillou** kleiner Stein – 32 **gâteux, -euse** gaga

Une dame arrive avec d'anciens registres de livraison sous le bras.

LA VIEILLE Ne l'écoutez pas, il est gâteux. Vous avez vu dans quel état il a mis mes lauriers ?

Elle prend une branche, toutes les feuilles sont pleines de petits trous ronds.

LA VIEILLE Avant qu'on ait l'épicerie, lui, il était poinçonneur dans le métro… eh bien depuis trois mois, voilà qu'il se relève toutes les nuits avec sa machine à poinçonner pour aller faire des trous dans mes lauriers…

LE VIEUX J'aurais préféré des lilas… la vie est mal faite. *(Se penchant vers Amélie)* Chacun son truc pour se calmer les nerfs…

AMÉLIE *(souriante)* Moi, c'est les ricochets.

LA VIEILLE *(feuilletant les livres)* Je vais vous trouver ça. Je note tout ! Heureusement que je suis là. Quand je pense que mon fils a cinquante ans et que c'est moi qui suis obligée de faire sa comptabilité …

LE VIEUX Faut dire qu'à quinze ans, tu lui mettais encore le dentifrice sur sa brosse à dents. Tout se paye.

LA VIEILLE *(le nez dans les registres)* Camus… Camus… non ça c'était au second… Les Brossard c'est l'escalier B… ça y est, j'y suis. Bredoteau, 5ème droite ! C'étaient des gens du Pas-de-Calais.

LE VIEUX Bredoteau… c'est bien ce que je disais…

1 **une livraison** Lieferung – 4 **un laurier** Lorbeerbaum – 5 **une branche** Ast – 7 **un poinçonneur** Fahrkartenknipser – 9 **poinçonner** knipsen, stanzen – 11 **un lilas** Flieder – 12 **chacun,e** jede,r – 14 **feuilleter** tourner les pages (d'un livre) – 16 **obliger** forcer – 16 **la comptabilité** Buchhaltung – 17 **le dentifrice** Zahnpasta

4

Amélie prend le métro pour rentrer chez elle. Sur les murs d'une station, on voit des vieilles affiches des années 40 et 50. On entend une vieille chanson de Fréhel :

Si tu n'étais pas là, comment pourrais-je vivre ?
Je ne connaîtrais pas ce bonheur qui enivre
Quand je suis dans tes bras, mon cœur joyeux se livre
Comment pourrais-je vivre, si tu n'étais pas là…

Un jeune homme est accroupi près d'un photomaton. Tout en chantonnant, il essaye de sortir quelque chose coincé entre le mur et l'appareil. Amélie s'approche.

A l'âge où Amélie était privée du contact des autres enfants, Nino, lui, s'en serait bien passé.

On voit le petit Nino à huit ans, victime de ses camarades, qui l'assoient de force dans la poubelle de la classe. Puis, ils posent le tout en équilibre sur une table. Nino n'a pas d'autre choix que d'attendre l'arrivée de la maîtresse dans cette position ridicule.

Souvent, au même instant, l'un rêvait d'une sœur et l'autre d'un frère, avec qui ils passeraient tout leur temps.

L'écran est divisé en deux parties. Dans chacune, on voit le soleil qui brille. A gauche, on voit Nino qui rêve en faisant refléter les rayons de soleil sur un petit plateau d'argent, tandis qu'à droite, Amélie fait exactement la même chose avec un miroir de poche.

Sur le quai de métro, Nino sent une présence derrière lui. Il interrompt sa chanson et se retourne. Amélie file tout de suite.

Dans sa cuisine, le père d'Amélie est en train de brosser les pieds d'un nain de jardin. La porte s'ouvre. Amélie apparaît.

2 **une affiche** Plakat – 3 **Fréhel** une chanteuse française (1891-1951) – 5 **enivrer** berauschen – 6 **joyeux, -euse** heureux – 6 **se livrer** sich ergeben – 9 **accroupi,e** auf dem Boden hockend – 9 **un photomaton** Passbildautomat – 10 **chantonner** → chanter – 15 **une poubelle** Mülleimer – 16 **l'équilibre** *m.* Gleichgewicht – 16 **un choix** Wahl – 17 **une maîtresse** *ici:* Lehrerin – 17 **ridicule** lächerlich – 21 **refléter** reflektieren – 22 **un rayon** *ici:* Sonnenschein – 22 **un plateau** Tablett – 23 **un miroir** Spiegel – 24 **une présence** Anwesenheit (einer Person) – 25 **filer** *ici:* partir vite – 26 **brosser** → une brosse – 27 **un nain** Zwerg

AMÉLIE Salut papa. Je vois que tu t'es fait un nouveau copain.

LE PÈRE *(sérieux)* Non, je l'avais depuis longtemps, mais je l'avais oublié. Comme ta mère ne le supportait pas, il était rangé dans la cabane à outils. Allez viens, on va aller les réconcilier… !

Dans le jardin, Raphaël Poulain pose délicatement le nain sur le mausolée, les deux pieds dans le ciment frais. Il contemple son œuvre avec plaisir.

LE PÈRE Pas mal, non ?

AMÉLIE Hm hmm… Dis-moi papa, si tu retrouvais par hasard une chose de ton enfance, à laquelle tu tenais comme à un trésor… ça te rendrait heureux, ou triste ou… nostalgique ? Ça te ferait quoi ?

LE PÈRE Si tu veux parler du nain, je ne l'avais pas quand j'étais petit… Ce sont les camarades du 26ème qui me l'ont offert pour mon départ à la retraite.

AMÉLIE Non, papa, je te parlais de ces choses de l'enfance qu'on garde en secret comme si elles avaient une immense valeur.

LE PÈRE Ah oui oui… *(ne l'écoutant pas)* Faudra que je le revernisse avant l'automne…

AMÉLIE *(déçue, filant vers la maison)* Je vais faire du thé, tu en veux ?

Au « Tout va mieux », Amélie met les tables. Gina se tient debout derrière un client qui n'a pas l'air très rassuré. Elle lui tient la tête à deux mains. En face, d'autres clients observent la scène en souriant.

GINA On respire… on ne bouge plus.

D'un coup sec, elle lui tord la tête. Un craquement se fait entendre. Tout le monde fait la grimace.

A ce moment, la porte s'ouvre. Deux clients entrent.

GEORGETTE *(se plaignant)* La porte… y'a des courants d'air.

Derrière son comptoir, Georgette prend des airs de martyre. Gina et Amélie échangent un regard.

GINA *(à Georgette)* Ça va, c'est pas la Sibérie, non plus.

GEORGETTE *(à Gina)* On voit que c'est pas toi qui es allergique à l'oxyde de carbone. J'ai tellement toussé cette nuit, que j'ai dû me faire un décollement de la plèvre.

Gina lève les yeux au ciel.

3 **supporter** ertragen – 4 **une cabane** Schuppen – 4 **réconcilier** versöhnen – 6 **le ciment** Zement – 9 **le hasard** Zufall – 13 **le 26ème** un régiment – 16 **une valeur** Wert – 17 **revernir** neu lackieren – 20 **debout** stehend – 24 **tordre** umdrehen – 24 **un craquement** Knacken – 27 **un courant d'air** *(m.)* Luftzug – 28 **un comptoir** Tresen – 29 **échanger** → un échange – 32 **l'oxyde** *(m.)* **de carbone** *(m.)* Kohlen-monoxyd – 32 **tousser** husten – 33 **un décollement de la plèvre** Rippenfellentzündung

LE CLIENT Qu'est-ce qu'elle nous a fait de bon, aujourd'hui, Mme Suzanne ?

GINA Des endives au gratin !

SUZANNE *(sortant la tête de la cuisine)* Vous allez voir, elles sont à tomber à genoux...

LE CLIENT *(à son copain)* Ça veut dire qu'elles sont bonnes ?

LE COPAIN Tout dépend où tu tombes à genoux ...

LE PREMIER CLIENT C'est vrai... si c'est devant la cuvette des WC...

LE COPAIN Là, ça veut dire qu'elles sont pas bonnes !

Gina rit de bon cœur.

A sa table, Joseph sort un petit dictaphone. Il appuie sur une touche et on réentend le rire de Gina qu'il vient d'enregistrer.

Dans le bar, tout le monde fait tout à coup silence.

Joseph enclenche à présent l'enregistrement.

JOSEPH *(dans son dictaphone)* 12h15. Rire de gorge évoquant l'orgasme. Motif : plaire au mâle dominant.

Gina repose brutalement une carafe sur le bar.

GINA *(à Suzanne)* Lui, s'il continue à venir ici, je réponds plus de rien !

SUZANNE *(à Joseph)* C'est vrai quoi ! Pourquoi il s'obstine ? Il y a un bistrot tous les vingt mètres dans le quartier.

JOSEPH *(à un voisin de table)* Raison scientifique. J'étudie le comportement sexuel des serveuses.

GINA *(à Suzanne)* On dirait vraiment que je les attire moi, les cinglés.

SUZANNE C'est pas que tu les attires, tu les collectionnes.

GEORGETTE *(changeant de sujet)* Dans les endives au gratin, y'a de la béchamel, non ?

SUZANNE Oui, et alors ?

GEORGETTE Je ne digère pas la béchamel, c'est comme vous la viande de cheval.

SUZANNE Moi, c'est pas une question de digestion, c'est une question de souvenir. Je préférerais cuisiner de la viande humaine.

Amélie est derrière le comptoir et feuillette l'annuaire. Il y a trois « Bredoteau ». Elle note les adresses sur un papier.

5 **un genou** Knie – 7 **dépendre** abhängen – 8 **une cuvette** Schüssel – 14 **enclencher** faire fonctionner – 15 **la gorge** Hals – 15 **évoquer** rappeler – 16 **un mâle** Männchen – 18 **ne répondre de rien** für nichts garantieren – 20 **s'obstiner** ausharren – 21 **un bistrot** un bar – 22 **scientifique** wissenschaftlich – 22 **étudier** → les études – 24 **cinglé,e** fou – 25 **collectionner** sammeln – 29 **digérer** verdauen – 31 **la digestion** → digérer – 32 **cuisiner** faire la cuisine; *ici:* préparer – 32 **humain,e** → l'homme

AMÉLIE Mme Suzanne, ça vous ennuie si je pars un peu plus tôt, cet après-midi ?

SUZANNE *(plaisantant)* Hm hm...il s'appelle comment ?

AMÉLIE Dominique Bredoteau.

Amélie est devant la porte d'un appartement, et lit le nom inscrit au-dessus du bouton de sonnette, sur lequel elle appuie.

VOIX MASCULINE J'arrive, j'arrive... !

La porte s'ouvre. Un jeune et sympathique étudiant apparaît.

AMÉLIE Dominique Bredoteau ?

LE JEUNE HOMME Oui... c'est pour quoi ?

AMÉLIE *(improvisant)* Heuuu... c'est pour... la pétition...

LE JEUNE HOMME La pétition... ?

AMÉLIE La pétition... pour faire canoniser Lady Di...

LE JEUNE HOMME Oh non, merci...

Dans la rue, Amélie raye le premier nom de la liste puis prend le métro.

Devant la porte d'un autre immeuble. Une autre sonnette, une autre étiquette « Dominique Bredoteau ». Amélie sonne.

VOIX MASCULINE *(dans l'interphone)* Oui... ?

AMÉLIE Bonjour, je recherche Dominique Bredoteau, c'est pour le recensement de l'Union européenne.

INTERPHONE *(un temps)* Montez. 3ème droite.

Amélie sonne à nouveau sur le palier. Une femme d'une quarantaine d'années apparaît, les cheveux très courts et la voix masculine.

LA FEMME *(suave)* Earlgrey ? Souchong ? Bergamote ? Jasmin ? Vous prendrez bien quelque chose ?

Amélie raye le deuxième nom de la liste puis reprend le métro.

Une dernière sonnette. La concierge apparaît.

AMÉLIE Bonjour, madame. Savez-vous où je pourrais trouver Dominique Bredoteau ?

LA CONCIERGE Ah ben on peut dire que vous le manquez de peu. Tenez, le voilà qui descend...

Dans l'escalier apparaissent quatre employés des pompes funèbres portant un cercueil.

1 **ennuyer** *ici:* déranger – 5 **inscrire** écrire – 6 **une sonnette** → sonner – 13 **canoniser** heilig sprechen – 15 **rayer** streichen – 19 **un interphone** Sprechanlage – 21 **un recensement** Volkszählung – 23 **un palier** Flur – 25 **suave** doux – 33 **les pompes funèbres** *f.* Beerdigungsinstitut – 34 **un cercueil** Sarg

5

Amélie rentre chez elle. Au quatrième, une porte s'ouvre et une voix se fait entendre derrière elle.

RAYMOND DUFAYEL Bretodeau... ! Pas Bredoteau...

Amélie se retourne et découvre l'homme de verre, qui la regarde.

DUFAYEL Vous, vous avez besoin d'un petit vin chaud à la cannelle. Venez.

Amélie hésite.

DUFAYEL Mais entrez, on dirait que je vous intimide.

AMÉLIE Euuh... depuis six ans que j'habite ici, c'est la première fois que je vous croise.

DUFAYEL Je ne sors jamais sur le palier. Je n'ai pas envie de rencontrer n'importe qui.

Amélie referme la porte.

DUFAYEL *(préparant le vin chaud)* Les cloportes m'appellent « l'homme de verre ». Mais mon nom est Raymond Dufayel.

AMÉLIE Amélie Poulain. Je suis serveuse au...

DUFAYEL Au « Tout va mieux ». Je sais... Et là vous rentrez bredouille de la chasse au Bretodeau. Parce que c'est pas « do », mais « to », comme « toto ».

Amélie contemple sur un chevalet la reproduction d'une peinture. Dufayel lui apporte un bol.

AMÉLIE Merci. J'aime beaucoup ce tableau.

DUFAYEL C'est « Le déjeuner des canotiers » de Renoir.

Il ouvre un placard où se trouvent dix-neuf reproductions...

DUFAYEL J'en fais un par an depuis vingt ans. *(Devant un des tableaux du placard)* Le plus dur, ce sont les regards. Un chouïa d'ombre ou de lumière en trop, et vous faites apparaître de l'amour à la place du ressentiment... Parfois, j'ai l'impression qu'ils changent exprès d'humeur dès que j'ai le dos tourné.

AMÉLIE Là, ils ont l'air plutôt contents de la vie.

DUFAYEL Ils peuvent ! Terrine de lièvre aux morilles, veau marengo, fromage, sorbets, digestif, gaufres à la confiture pour les enfants...

5 **la cannelle** Zimt – 8 **intimider qn** faire un peu peur à qn (→ timide) – 10 **croiser** *ici:* rencontrer – 14 **un cloporte** Kellerassel; *ici:* schäbige Person – 18 **bredouille** qui n'a pas eu de succès – 20 **un chevalet** Staffelei – 23 **un canotier** Kahnschiffer – 24 **un placard** Wandschrank – 26 **un chouïa** *fam.* un peu – 29 **exprès** absichtlich – 29 **une humeur** Laune – 31 **un lièvre** Hase – 31 **une morille** un champignon – 32 **un sorbet** une glace aux fruits – 32 **une gaufre** Waffel

AMÉLIE *(montrant la fille accoudée à la balustrade)* C'est elle... les enfants ?

DUFAYEL Non. Ils font un concours de crachat plus loin dans la Marne. Elle, elle est juste à l'âge où on n'aime plus les gaufres, mais où on n'a pas encore droit à la fine-champagne. D'ailleurs, vous savez sur quoi elle est accoudée ?

AMÉLIE Ben... sur une balustrade en bois, non ?

DUFAYEL Sur la barrière qui sépare l'enfance du monde adulte.

AMÉLIE *(souriant)* Je vois. Entre la berge des têtards et l'auberge des fêtards...

DUFAYEL Vous avez vu comme elle est pressée de vieillir, cette gourde ? Pressée d'aller ronger son petit bout d'existence comme un roquet. Et plus il y aura de viande sur son os, plus elle sera féroce... comme tout le monde.

AMÉLIE Je comprends pourquoi vous ne sortez jamais.

DUFAYEL *(montrant son appartement)* Ici, j'ai arrondi tous les angles, j'ai aboli tout ce qui heurte, tout ce qui cogne, tout ce qui blesse. Pour ce qui est de l'extérieur, je ne peux rien faire.

Amélie remarque à ce moment une vieille caméra vidéo dirigée par la fenêtre, vers la boutique de l'horloger.

DUFAYEL *(désignant la caméra)* Oh c'est juste un cadeau de ma belle-sœur... Je l'ai mis là, comme ça, plus besoin de remonter mes pendules.

Dufayel retourne près du tableau.

DUFAYEL Après toutes ces années, le seul personnage que j'ai encore un peu de mal à cerner, c'est la fille au verre d'eau. Elle est au centre, et pourtant, elle est en dehors.

AMÉLIE Elle est peut-être seulement différente des autres.

DUFAYEL En quoi ?

AMÉLIE Je ne sais pas.

DUFAYEL Et bien moi, je vais vous le dire... Elle ne sait pas établir de relations avec les autres. Elle n'a jamais su. Quand elle était petite, elle ne jouait pas souvent avec les autres enfants. Peut-être même jamais.

1 **accoudé,e** mit dem Ellbogen gestützt – 1 **une balustrade** Geländer – 3 **un concours** Wettbewerb – 3 **un crachat** Spucke – 4 **la Marne** ein Fluss – 5 **une fine champagne** un cognac – 8 **séparer** diviser – 9 **une berge** un bord – 9 **un têtard** Kaulquappe – 9 **une auberge** un hôtel – 10 **un fêtard** qn qui fait la fête – 11 **être pressé,e** es eilig haben – 11 **vieillir** → vieux – 12 **une gourde** *ici:* une fille naïve – 12 **ronger qc** an etw. nagen – 13 **un roquet** un chien – 13 **féroce** sauvage – 16 **arrondir** → rond – 17 **un angle** *ici:* Spitze, Ecke – 17 **abolir** *ici:* entfernen – 17 **cogner** frapper – 18 **blesser qn** faire mal à qn – 20 **un horloger** Uhrmacher – 22 **remonter** *ici:* aufziehen – 23 **une pendule** Uhr – 26 **cerner** *ici:* erfassen – 31 **établir** créer – 32 **une relation** Beziehung

Amélie, soudain troublée, ne trouve rien à répondre.

DUFAYEL *(lui tendant un papier)* Tenez... Dominique Bretodeau, 27 rue Mouffetard. J'ai vérifié pour vous dans le bottin.

Bretodeau, aujourd'hui âgé d'une cinquantaine d'années, remonte une petite rue commerçante du XIVème *arrondissement.*

Ce matin, comme tous les mardis matins, Dominique Bretodeau est parti pour acheter un poulet fermier. En général, il le fait au four avec des pommes sautées. Après avoir découpé les pilons, les hauts de cuisses, les blancs et les ailes, son plus grand plaisir sera de décortiquer la carcasse encore fumante avec les doigts, en commençant par les sots-l'y-laissent.

Eh bien non, en fait, pas du tout. Aujourd'hui, Bretodeau n'achètera pas de poulet. En fait, il n'ira pas plus loin que cette cabine téléphonique, là...

Alors qu'il passe devant la cabine vide, celle-ci se met à sonner. Il s'arrête et la regarde.

Derrière la vitre d'un café tout proche, Amélie l'observe, le téléphone à la main.

Bretodeau s'approche en hésitant. Il entre dans la cabine. Le téléphone cesse aussitôt de sonner.

La boîte de métal rouillé est posée sur la tablette. Il la regarde longuement, intrigué, puis la saisit, la tourne, la retourne, de plus en plus troublé. Il l'ouvre, voit les osselets, les billes, le petit coureur cycliste, la photo de Just Fontaine... Bretodeau regarde autour de lui, cherchant à comprendre comment un tel miracle a pu se produire.

En une seconde, tout revient à la mémoire de Bretodeau : la victoire de Fédérico Bahamontes dans le tour de France 59... *(Bretodeau gamin et ses copains jouent avec de petits coureurs cyclistes en écoutant la radio)*... les soutiens-gorge et les combinaisons de la tante Josette... *(le garçon regarde une femme qui se déshabille, par un petit trou dans le mur, qu'il rebouche ensuite avec la photo de Just Fontaine)*... et surtout... cette journée tragique où il gagna toutes

1 **troublé,e** verstört – 2 **tendre qc à qn** jdm etw. aushändigen – 3 **le bottin** l'annuaire téléphonique – 4 **âgé de** dont l'âge est de – 7 **un poulet** une jeune poule – 7 **fermier, -ière** *ici:* élevé dans une ferme – 7 **un four** Ofen – 8 **découper** couper – 8 **un pilon** *ici:* une jambe de poulet – 9 **décortiquer** auseinander nehmen – 10 **la carcasse** Gerippe – 10 **fumant,e** *ici:* chaud – 11 **les sots-l'y-laissent** *m.* Bürzel – 17 **proche** nahe gelegen – 20 **cesser** arrêter – 20 **aussitôt** tout de suite – 21 **rouillé,e** verrostet – 26 **une victoire** Sieg – 27 **F. Bahamontes** un coureur cycliste – 29 **un soutien-gorge** BH – 29 **une combinaison** Unterrock – 30 **se déshabiller** enlever ses vêtements – 31 **reboucher** *ici:* zudecken

les billes de la classe à la récré... *(Le garçon ramasse des centaines de billes sous les regards des perdants. Mais l'instituteur siffle la fin de la récréation. L'enfant remplit ses poches à toute vitesse, mais le tissu de la poche craque, et toutes les billes roulent dans la cour, sous les cris de triomphe de ses camarades!!!)*

A l'intérieur du café, Amélie est en train de boire un vin blanc lorsque la porte s'ouvre sur Bretodeau. Il pose la boîte sur le comptoir.

BRETODEAU Un café, s'il vous plaît.

Tandis que le patron le sert, Amélie, à l'autre bout du comptoir, se fait toute petite dans son coin.

BRETODEAU Vous ne pouvez pas imaginer ce qui vient de m'arriver! Si je croyais en Dieu, j'appellerais ça un miracle. Ou alors c'est mon ange gardien...

La patronne qui essuie les verres derrière le comptoir désigne une photo de l'équipe de France de football.

LA PATRONNE Pour moi l'ange gardien, c'est Fabien.

BRETODEAU Cette cabine... je faisais que passer devant. C'est elle qui s'est mise à sonner toute seule... comme pour attirer mon attention.

LE PATRON Oui oui, c'est ça...

A ce moment, on entend une sonnette.

LE PATRON Tenez, ben justement y'a le micro-ondes qui m'appelle.

BRETODEAU *(se tournant vers Amélie)* C'est drôle, la vie... quand on est gamin, le temps n'en finit pas de se traîner, et puis du jour au lendemain, on a cinquante ans, comme ça, pfff... Et l'enfance, tout ce qu'il en reste, ça tient dans une petite boîte rouillée... Vous avez des enfants, Mademoiselle?

Amélie, trop troublée pour parler, fait signe que non sans le regarder.

BRETODEAU Moi, j'ai une fille de votre âge. Ça fait des années qu'on ne s'est pas parlé. Il paraît qu'elle a eu un garçon, l'année dernière. Ludovic il s'appelle.

Il sort avec soin le sucre de son emballage, le pose délicatement dans la tasse, et remue durant un long moment. Il boit son café et repose la cuillère sur le comptoir.

BRETODEAU Je crois qu'il est temps que je leur rende visite... avant de finir à mon tour dans une petite boîte...

Il sort. Amélie, de dos, ne bouge pas.

1 **des centaines** *f.* Hunderte – 6 **lorsque** quand – 11 **imaginer** sich vorstellen – 13 **un ange gardien** Schutzengel – 16 **Fabien (Barthez)** le *gardien de but* (Torwart) de l'équipe de France de football – 21 **une onde** Welle – 33 **remuer** (um)rühren

6

Amélie marche dans la rue comme sur un nuage.

Amélie a soudain le sentiment étrange d'être en harmonie totale avec elle-même. Tout est parfait en cet instant… la douceur de la lumière, ce petit parfum dans l'air, la rumeur tranquille de la ville.

Elle inspire profondément, et la vie lui paraît alors si simple et si limpide, qu'un élan d'amour, comme un désir d'aider l'humanité entière, la submerge tout à coup.

Amélie s'arrête. Devant elle, un aveugle se tient au bord du trottoir, hésitant à traverser. Amélie le prend par le bras et l'entraîne.

AMÉLIE Attention, on descend dans le caniveau… on y voit le reflet du néon de la boucherie chevaline… Sur le toit en face, il y a un ramoneur assis qui fume une cigarette. Voilà une vieille dame qui traverse. Elle a l'air maquillée comme une petite fille grimée en vieille dame… On arrive de l'autre côté. Sur le rebord du trottoir, il y a une petite touffe d'herbe qui n'a rien à faire là… Ce rire, c'est celui du cordonnier, il a plein de petits plis de malice au coin des yeux… là, vous sentez, c'est la poissonnerie… les crabes ont les pinces scotchées et il y a une anguille encore vivante qui ouvre la bouche… A la teinturerie, il y a promotion sur le nettoyage du daim et du pécari… Dans une poussette, on voit un bébé qui regarde un chien à la fenêtre d'un camion, qui lui-même regarde les poulets qui rôtissent… Ce parfum, c'est celui de la fleuriste qui porte une tunique avec des épaulettes parce que ce soir elle va répéter avec la fanfare… Nous voilà devant la boucherie, rognons 15 francs, filet mignon 120, bavette 88,50 et là, la musique, c'est la baraque de loterie, c'est drôle, le patron regarde « la roue de la fortune » sur son téléviseur portatif… et moi, maintenant, je tourne à droite…

Amélie disparaît dans la foule, laissant l'aveugle ébloui.

2 **un sentiment** Gefühl – 4 **une rumeur** *ici:* un bruit – 5 **inspirer** einatmen – 6 **limpide** transparent – 6 **l'humanité** Menschheit – 7 **submerger qn** jdn überwältigen – 8 **un aveugle** qn qui ne voit pas – 10 **le caniveau** Rinnstein – 10 **un reflet** Spiegelung – 11 **un ramoneur** Schornsteinfeger – 12 **fumer** rauchen – 13 **maquiller** schminken – 13 **grimé,e** trop maquillé – 14 **un rebord** un bord – 15 **une touffe** Büschel – 15 **un cordonnier** qn qui répare les chaussures – 16 **la malice** Schalkhaftigkeit – 17 **une pince** Zange – 17 **scotché,e** zugeklebt – 19 **une anguille** Aal – 19 **une teinturerie** Reinigungsgeschäft – 19 **une promotion** *ici:* Sonderangebot – 19 **le nettoyage** Reinigung – 19 **le daim** *ici:* Wildleder – 19 **le pécari** *ici:* Pekarileder – 19 **une poussette** une voiture d'enfant – 21 **rôtir** rösten – 22 **une tunique** *ici:* Uniformrock – 22 **une épaulette** Schulterstück – 23 **répéter** *ici:* proben – 23 **les rognons** *m.* Niere – 24 **la bavette** Steakfleisch – 24 **une baraque** Bude – 25 **la roue de la fortune** Glücksrad – 27 **une foule** une grande quantité de personnes – 27 **ébloui,e** geblendet; *ici:* verblüfft

De retour chez elle, Amélie se prépare un petit repas en chantonnant. Elle met la table et allume la télévision, juste en face.

En passant devant la fenêtre, son regard se pose sur Raymond Dufayel, l'homme de verre, en train de dîner seul avec son poste de télévision et la pendule. L'enthousiasme d'Amélie disparaît aussitôt.

AMÉLIE *(imitant Dufayel)* Elle ne sait pas établir de relations avec les autres… Elle n'a jamais su ! Quand elle était petite, elle était toujours toute seule… !

Soudain découragée, Amélie se retrouve devant la télé, un gros paquet de gâteaux secs à la main. Tout en mangeant, elle « voit », elle « imagine », une émission de Frédéric Mitterrand sur le destin d'une star mythique qui n'est autre qu'elle-même : Amélie Poulain…

VOIX DE FRÉDÉRIC MITTERRAND Par l'une de ces scintillantes soirées d'octobre où les citadins s'attardent aux derniers feux d'un été tardif… *(On voit des images des années cinquante d'une ville en été, feux d'artifice, gens aux terrasses des cafés, enfants jouant dans la rue…)* Amélie Poulain, que l'on surnommait aussi la Marraine des laissés-pour-compte ou la Madone des mal-aimés, s'éteignait seule à son domicile, à deux pas des flots mélancoliques du lac d'Enghien… Etrange destin que celui de cette jeune femme dépossédée d'elle-même, pourtant si sensible aux charmes discrets des petites choses de la vie… Telle Dom Quichotte, elle avait résolu de s'attaquer à l'implacable moulin de toutes les détresses humaines.

Amélie se sèche les yeux avec un mouchoir.

VOIX DE FRÉDÉRIC MITTERRAND Combat perdu d'avance, qui lamina sa jeunesse et consuma prématurément sa vie. A quarante ans à peine, Amélie Poulain, à bout de forces, après avoir laissé sa courte existence s'étioler dans les remous du mal de vivre universel, choisissait de finir ses jours seule, exsangue, dans un pavillon de banlieue, curieusement semblable à celui où son enfance recluse avait tutoyé l'autisme… Mais c'est là, dans cette solitude résignée, que l'attendait le regret lancinant d'avoir laissé mourir son père, sans qu'elle n'ait

13 **scintillant,e** funkelnd – 14 **un citadin** l'habitant d'une ville – 16 **un feu d'artifice** Feuerwerk – 17 **surnommé,e** appelé – 18 **une marraine** Patentante – 18 **laissé,e pour compte** abandonné – 19 **s'éteindre** *ici:* mourir – 19 **le domicile** là où on habite – 19 **les flots** *m.* Fluten – 20 **dépossédé,e** *ici:* entfremdet – 23 **implacable** unerbittlich – 23 **un moulin** Mühle – 23 **la détresse** le malheur – 24 **un mouchoir** Taschentuch – 25 **un combat** une lutte – 25 **laminer** niederwalzen – 26 **consumer** brûler – 26 **prématuré,e** qui arrive trop tôt – 28 **s'étioler** verkümmern – 28 **les remous** *m.* Strudel – 28 **universel,le** *ici:* allgegenwärtig – 29 **exsangue** vidé de son sang; *ici:* sans force – 30 **semblable** ähnlich – 30 **reclus,e** zurückgezogen – 30 **tutoyer** duzen – 32 **un regret** Bedauern – 32 **lancinant,e** stechend

jamais essayé de redonner à cet homme asphyxié la bouffée d'air qu'elle était parvenue à insuffler à tant d'autres...

Amélie est dans son fauteuil, mélancolique, le paquet de gâteaux vide à la main, et regarde vers la fenêtre.

La voilà dans le wagon vide du train de banlieue qui l'emmène chez son père.

Elle arrive devant le pavillon. Toutes les fenêtres sont éteintes. Elle ouvre avec sa clef, mais il a mis la chaîne de sûreté.

Elle s'approche alors du nain de jardin, le contemple un moment. Après un dernier regard vers la fenêtre, elle commence à secouer le nain et l'enlève de son socle... Le mettant sous son bras, elle s'enfuit comme une voleuse.

1 **asphyxié,e** erstickt – 1 **une bouffée** (Luft)Hauch – 2 **insuffler** *ici:* donner – 8 **une clef** Schlüssel – 8 **la sûreté** Sicherheit – 11 **secouer** schütteln – 11 **un socle** Sockel – 12 **s'enfuir** fuir, partir en courant

7

Quand Amélie arrive à la gare, le dernier train vient de partir. Elle s'endort sur un banc, serrant le nain dans ses bras comme un enfant.

C'est le petit matin à la gare du Nord. Le nain de jardin caché sous son manteau, Amélie, fatiguée, arrive avec les premiers banlieusards qui viennent travailler.

Soudain, elle s'arrête : près d'un photomaton, le garçon aperçu dans la station de métro aux vieilles affiches (Nino Quincampoix), est occupé à ramasser au fond d'une poubelle de petits morceaux de papier, qu'il met dans une enveloppe. Amélie s'approche, et le contemple, intriguée et troublée.

Brusquement, il regarde dans sa direction. Le cœur d'Amélie se met à battre la chamade... Nino se précipite vers elle... Amélie reste immobile, comme hypnotisée.

Mais il passe à côté d'elle sans la regarder... et court derrière un homme qui sort de là... ! L'homme, qui n'a rien vu, monte tranquillement dans une voiture et démarre. On a le temps de voir qu'il porte une paire de baskets rouges avec une étoile blanche.

Nino saute sur son Solex et se lance derrière lui. Dans sa précipitation, il laisse tomber une sacoche avant de disparaître au loin... Amélie va la ramasser.

Assise sur les marches d'une entrée, le nain à ses côtés, elle sort de la sacoche un gros cahier.

Toutes les pages sont remplies de photomatons, datés et répertoriés avec soin. Tous sont surexposés ou noircis, ou bien encore abîmés par les produits chimiques... Leurs propriétaires les ont abandonnés sur place et Nino les a recueillis.

Des pages entières de photos d'identité ratées, que leurs propriétaires déçus ont froissées, déchirées, rejetées, et qu'un hurluberlu a minutieusement reconstituées et répertoriées... tu parles d'un album de famille...

2 **un banc** Bank – 5 **un banlieusard** qn qui habite la banlieue – 12 **se précipiter** aller très vite (vers qn/qc) – 13 **immobile** sans bouger – 16 **démarrer** *en voiture:* partir – 17 **une paire de** deux – 17 **une étoile** Stern – 18 **un Solex** une sorte de mobylette – 18 **la précipitation** Hektik (→ se précipiter) – 19 **une sacoche** une sorte de sac – 23 **rempli,e de** plein de – 23 **répertorier** classer – 24 **surexposé,e** überbelichtet – 24 **noirci,e** → noir – 25 **abîmé,e** beschädigt – 28 **froisser** zusammenknüllen – 28 **un hurluberlu** komischer Kauz – 29 **minutieux, -euse** précis – 29 **reconstituer** wieder zusammensetzen – 29 **tu parles d'un(e)**...! was für ein(e) ...!

Au « Tout va mieux », côté tabac, un client s'adresse à Georgette.

CLIENT Un paquet de Gauloises.

GEORGETTE *(les yeux rouges)* Juste une seconde.

Elle commence à se mettre des gouttes dans les yeux.

GEORGETTE *(les gouttes coulant sur ses joues)* Vous m'avez demandé... ?

CLIENT *(agacé)* Des Gauloises...

GEORGETTE Je n'y vois plus rien, là, vous pouvez m'indiquer où elles sont ?

CLIENT Au dessus... un cran à droite... c'est ça vous y êtes... non, juste à côté.

Il pose vingt francs sur la tablette. Georgette cherche aveuglément sa monnaie.

CLIENT *(découragé)* Laissez tomber.

Il s'en va et croise Gina à la terrasse, qui est en train de prendre une commande. Elle se montre particulièrement souriante avec un client.

Dans son coin, Joseph continue à suivre tous ses gestes en parlant dans son dictaphone.

GINA *(revenant vers le comptoir)* Un kir aligoté, une mauresque et deux menthes à l'eau !

Joseph l'attrape par le bras en passant.

JOSEPH *(désignant le client à la terrasse)* Éclaire-moi... Ce type de roucoulement, c'est pré-nuptial, ou post-coïtal ?

GINA Et ta bêtise, elle est congénitale ?

Elle se dirige vers le bar. Amélie sourit d'un air désolé et prépare les boissons.

JOSEPH *(dans son dictaphone)* Pré-nuptial.

Un client genre vieux beau s'adresse à Gina.

VIEUX BEAU Ne vous en faites pas, vous finirez bien par tomber sur le bon *(Se tournant vers Suzanne)* : Toutes les femmes rêvent de s'endormir sur l'épaule d'un homme, toutes !

SUZANNE Je ne dis pas le contraire, mais un homme, dès que ça boit un verre ou deux, ça ronfle. Et moi, j'ai l'oreille musicale.

VIEUX BEAU Vous savez que moi, je me suis fait opérer des cloisons nasales.

4 **une goutte** Tropfen – 5 **couler** fließen – 7 **agacé,e** énervé – 8 **indiquer** montrer – 10 **un cran** *ici:* un peu – 19 **un kir aligoté** un mélange de vin blanc et de cassis – 19 **une mauresque** un apéritif à base de pastis – 20 **la menthe** Minze – 21 **attraper** saisir – 23 **un roucoulement** Gurren – 23 **pré-nuptial,e** qui vient avant le mariage – 25 **désolé,e** triste – 33 **ronfler** schnarchen – 34 **la cloison nasale** Nasenscheidewand

SUZANNE On peut dire que vous avez le sens de la romance, vous !

VIEUX BEAU On voit bien que vous n'avez jamais connu le grand amour vous…

SUZANNE Si je l'avais pas connu, on m'aurait pas raccourci la jambe gauche.

GINA Je croyais que c'était un accident de cheval quand vous étiez à Médrano.

SUZANNE Ben, justement ! J'étais amoureuse d'un trapéziste. J'aurais dû me méfier, un trapéziste, ça vous lâche à la minute même où j'entrais en piste. J'étais complètement retournée. Du coup, le cheval aussi. Malheureusement, j'étais en dessous.

VIEUX BEAU N'empêche, les coups de foudre, ça existe.

SUZANNE Ça existe si on le veut bien. En trente ans passés derrière un zinc, je peux dire que j'en connais un rayon question coup de foudre. Je peux même vous donner la recette.

Tout le monde la regarde. Amélie semble très intéressée.

SUZANNE Prenez deux habitués de sexe opposé, « libres », faites-leur croire qu'ils se trouvent mutuellement irrésistibles, laissez mijoter, ça marche à tous les coups.

Le regard d'Amélie se pose d'abord sur Joseph, qui n'a rien entendu, puis… sur Georgette.

Cette théorie-là, Amélie se demande si ce n'est pas le moment ou jamais de la mettre en pratique.

Alors que Gina revient au bar, Joseph l'appelle comme s'il était un client ordinaire.

JOSEPH S'il vous plaît… s'il vous plaît !

Gina lève les yeux au ciel.

AMÉLIE Laisse, j'y vais. *(À Joseph, à voix basse)* Vous ne pensez pas que vous avez fait assez de mal comme ça autour de vous ?

JOSEPH Gina est assez grande pour se défendre toute seule.

AMÉLIE *(baissant encore d'un ton)* Ce n'est pas à Gina que je pense, mais à Georgette.

JOSEPH *(perplexe)* Georgette… ?

AMÉLIE Ouvrez les yeux, elle est là à espérer une miette d'intérêt de votre part, et vous n'en avez que pour Gina.

Joseph fixe Amélie avec surprise.

4 **raccourcir** rendre plus court – 9 **se méfier** aufpassen – 11 **dessous** ≠ dessus – 17 **un habitué** un client qui vient régulièrement – 17 **opposé,e** contraire – 18 **mutuel,le** gegenseitig – 18 **irrésistible** unwiderstehlich – 18 **mijoter** cuire doucement – 25 **ordinaire** normal – 30 **se défendre** → la défense – 34 **une miette** Krümel

AMÉLIE La pauvre. Quand on voit à quoi elle en est réduite pour essayer d'attirer votre attention… Il faut vraiment que vous soyez aveugle !

Elle s'en va, laissant Joseph perplexe.

Il ne peut s'empêcher de regarder Georgette dans le grand miroir comme s'il la voyait pour la première fois. Celle-ci est justement en train de se remettre des gouttes dans les yeux.

Le soir, Amélie balaie autour du comptoir, tandis que Georgette ferme la caisse côté tabac.

Gina finit de se maquiller.

GINA Je file, j'ai un rendez-vous.

Elle s'en va. Aussitôt, Amélie s'approche de Georgette.

GEORGETTE *(suivant Gina des yeux)* Je ne sais pas comment sera le nouveau, mais ça sera jamais pire que l'autre timbré, là… le pyromane qui mettait le feu à ses petites culottes…

AMÉLIE Vous savez, Joseph, il est pas si timbré que ça. Il souffre, c'est tout.

GEORGETTE Deux mois que c'est fini entre eux, et il continue à venir ici tous les jours… C'est qu'il aime souffrir…

Amélie la contemple avec une stupéfaction feinte.

AMÉLIE Non… ne me dites pas que vous ne vous êtes rendu compte de rien…

Georgette la regarde sans comprendre.

AMÉLIE *(la saisissant par le bras)* Venez. Suivez-moi.

Elle l'entraîne à la place habituelle de Joseph.

AMÉLIE Il s'assoit toujours là, on est d'accord ?

GEORGETTE Ben… oui.

AMÉLIE Asseyez-vous.

GEORGETTE Mais… euh…

AMÉLIE Asseyez-vous !

Georgette obéit.

Amélie lui désigne le grand miroir en face d'elle, dans lequel on voit le coin tabac.

AMÉLIE Qu'est-ce que vous voyez, là ?

GEORGETTE Ben… mon tabac.

AMÉLIE Et… Il manque rien ?

1 **réduit,e** *ici:* gezwungen – 8 **balayer** fegen – 14 **pire** plus grave – 14 **timbré,e** fou – 14 **un pyromane** Brandstifter – 16 **souffrir** avoir mal – 20 **la stupéfaction** une grande surprise – 20 **feindre** vortäuschen – 25 **habituel,le** → une habitude – 31 **obéir** gehorchen

Georgette regarde stupidement dans le miroir le reflet de sa chaise vide.

GEORGETTE Nooon, je vois pas.

AMÉLIE Faites un effort. Je vous laisse réfléchir. Bonne nuit, Georgette.

Elle s'en va, laissant Georgette perplexe.

A deux pas du « Tout va mieux », Amélie s'arrête pour acheter le journal. Le kiosque est couvert des « une » consacrées à la princesse Diana. Sauf une qui attire aussitôt l'attention d'Amélie : Une expédition d'alpinistes vient de découvrir, rendu par un glacier, un sac postal du début des années soixante. Amélie achète ce journal. Tandis qu'elle paye, la marchande soupire en regardant une photo de Lady Di.

MARCHANDE Quel malheur ! Pour une fois qu'une princesse était jeune et jolie.

AMÉLIE Vous voulez dire que si elle avait été vieille et moche, c'était moins grave ?

MARCHANDE Ben oui, quand même… Regardez Mère Thérésa…

A ce moment, Joseph passe près du kiosque, ses courses à la main.

MARCHANDE Et lui alors, toujours à courir après Gina ?

AMÉLIE Non… maintenant, il s'intéresse à quelqu'un d'autre. *(Regardant son journal)* C'est drôle, cette histoire de glacier…

MARCHANDE *(restant sur son idée)* Dites-moi… c'est quelqu'un que je connais ?

AMÉLIE Oui. *(Montrant l'article au sujet du sac postal) :* Vous croyez qu'ils vont faire suivre le courrier ?

MARCHANDE C'est quelqu'un du « Tout va mieux » ?

AMÉLIE Hm hm.

MARCHANDE Pas vous, quand même… ?

AMÉLIE Non.

MARCHANDE C'est pas Mme Suzanne…

Elle réfléchit, lorsque tout à coup une expression de stupéfaction apparaît sur son visage.

MARCHANDE Nooooon… !

AMÉLIE Si.

4 **un effort** Bemühung – 8 **la une** Titelseite – 10 **un alpiniste** Bergsteiger – 10 **un glacier** Gletscher – 14 **une marchande** une vendeuse – 27 **le courrier** les lettres

8

Dans l'appartement de Raymond Dufayel, des mains tournent les pages de l'album de photomatons. Amélie et Raymond Dufayel examinent les clichés.

AMÉLIE Regardez, il est encore là.

DUFAYEL Oui, en effet, c'est étrange.

Amélie tourne quelques pages. Le même personnage inexpressif, apparaît plus loin.

AMÉLIE Et là...

DUFAYEL *(lisant)* « Mardi 27 septembre, c'est la quatrième fois que je le trouve ».

AMÉLIE *(allant quelques pages plus loin)* Et ici encore... ! « Jeudi 22 novembre, toujours lui ».

DUFAYEL Même expression, toujours aussi neutre...

AMÉLIE Douze fois en tout. J'ai compté. C'est quand même bizarre. Pourquoi aller se faire photographier régulièrement aux quatre coins de la ville, si c'est pour jeter les clichés juste après... ?

DUFAYEL Surtout qu'ils sont en parfait état.

AMÉLIE On dirait une sorte de rituel.

DUFAYEL Il est peut-être tellement obsédé par la peur de vieillir que c'est la seule chose qui le rassure.

AMÉLIE Hm hm...

DUFAYEL Ou alors, il vérifie régulièrement les effets d'une nouvelle lotion capillaire.

AMÉLIE Non... C'est un mort.

DUFAYEL Un mort ?

AMÉLIE Oui, un mort qui a peur de basculer dans l'oubli. Il se sert des photomatons pour rappeler son visage aux vivants. Un peu comme s'il faxait son image depuis l'au-delà.

DUFAYEL Un mort qui aurait peur de basculer dans l'oubli...

Dufayel se dirige vers son chevalet et recouvre les personnages du « Déjeuner des canotiers » avec un papier de protection.

DUFAYEL Pour eux, en tout cas, c'est gagné. Ils sont morts il y a longtemps, et ils ne basculeront jamais dans l'oubli.

AMÉLIE Vous savez, la fille au verre d'eau... Si elle a l'air un peu à côté, c'est peut-être parce qu'elle est en train de penser à quelqu'un.

DUFAYEL A quelqu'un du tableau ?

6 **inexpressif, -ive** qui ne montre aucun sentiment – 15 **régulier, -ère** regelmäßig – 19 **obsédé,e** besessen – 23 **capillaire** qui concerne les cheveux – 26 **basculer** tomber – 28 **l'au-delà** *m.* Jenseits – 30 **recouvrir** überdecken – 31 **une protection** → protéger

AMÉLIE Non, plutôt un garçon qu'elle a croisé ailleurs. Mais elle a l'impression qu'ils sont un peu pareils, elle et lui.

DUFAYEL *(provocateur)* Autrement dit, elle préfère s'imaginer une ressemblance avec quelqu'un d'absent que de créer des liens avec ceux qui sont présents.

AMÉLIE Qu'est-ce que vous en savez ? Peut-être même qu'au contraire, elle se met en quatre pour arranger les cafouillages de la vie des autres.

DUFAYEL Mais elle... les cafouillages de la sienne, de vie, qui va s'en occuper ?

Amélie, troublée, se lève, puis se dirige vers la sortie.

AMÉLIE Oui, ben, en attendant, mieux vaut se consacrer aux autres qu'à un nain de jardin. Bonsoir, Monsieur Dufayel. *(Elle sort.)*

Amélie parvient devant chez elle, quand Philomène, l'hôtesse de l'air, arrive essoufflée, en uniforme, son panier de chat à la main.

PHILOMÈNE Ouh-là, je suis en retard !

AMÉLIE *(ouvrant la porte)* Tu lui as laissé le collier anti-puces ?

PHILOMÈNE Oui oui. Et doucement sur les croquettes, il a un peu grossi la dernière fois... Alors, il est là ?

Amélie fait signe que oui et l'entraîne dans l'entrée. Elle prend un carton et l'échange sans un mot contre le chat.

PHILOMÈNE Tu peux compter sur moi.

Après un regard entendu, l'hôtesse s'en va.

Au lit, devant la télé allumée, Amélie feuillete le cahier de photomatons, examinant les photos à l'aide d'une grosse loupe.

Un peu plus tard, Amélie s'est endormie, le cahier sur les genoux.

Lorsqu'elle se réveille, ses yeux se posent sur l'écran de télé resté allumé. On y voit l'image poétique d'un cheval qui court parmi les coureurs du Tour de France.

Amélie met en marche le magnétoscope.

En descendant l'escalier, Amélie sort de son sac une enveloppe qu'elle place sous le paillasson de Raymond Dufayel.

2 **pareil,le** identique – 4 **une ressemblance** → ressembler – 4 **absent,e** qui n'est pas là (→ l'absence) – 4 **un lien** Verbindung; *ici:* Beziehung – 7 **arranger** mettre en ordre – 7 **un cafouillage** Chaos, Durcheinander – 9 **le sien, la sienne** seins, ihrs – 15 **un panier** Korb – 16 **en retard** verspätet – 17 **un collier anti-puces** Flohhalsband – 19 **grossir** devenir gros – 23 **entendu,e** *ici:* (de) complice - 28 **parmi** au milieu de – 30 **un magnétoscope** Videorecorder – 32 **un paillasson** Fußmatte

Un étage plus bas, Amélie s'aperçoit que l'épicier Collignon a oublié ses clefs sur la porte de son appartement. Elle les prend et va à l'épicerie pour les lui rendre.

L'épicier sert une cliente.

COLLIGNON Vous vous rendez compte ? Deux grammes huit d'alcool dans le sang, pour un chauffeur... ! *(se tournant vers Lucien)* Comme quoi je suis pas le seul à employer un crétin irresponsable !

Agacée, Amélie sort les clefs et va pour lui rendre.

AMÉLIE Monsieur Collignon...

COLLIGNON Une seconde, l'Amélie-mélo... Fait pas bon être pressée, ces temps-ci... Vous devriez prendre exemple sur Lucien... quand il bosse, lui, il risque pas d'être flashé par le radar...

Lucien rentre la tête dans les épaules, sous les regards gênés des clientes.

UNE CLIENTE Vous devriez pas, Monsieur Collignon, c'est pas sa faute...

COLLIGNON C'est vrai, Madame Cauchoix. S'il dort pas la nuit, c'est la faute à Lady Di. Vous ne savez pas ce que j'ai trouvé, dans le camion ? Le catalogue des « Trois Suisses » ouvert au chapitre des nuisettes. Il avait découpé le visage d'une pin-up pour y coller la photo de la Princesse.

Lucien, tout rouge, disparaît dans l'arrière-boutique.

COLLIGNON *(se tournant vers Amélie)* Alors, ma petite fille, cette fois-ci, c'est pour une petite botte d'asperges ou pour les archives du quartier ?

AMÉLIE Non, rien.

Elle remet les clefs dans sa poche, et s'en va, furieuse, à toute vitesse.

Elle se précipite dans une serrurerie-minute, pour faire un double des clefs.

De nouveau devant la porte de l'appartement de Collignon, elle remet l'original dans la serrure, puis elle redescend l'escalier, le double de la clef dans la poche.

7 **irresponsable** ≠ sérieux, responsable – 13 **bosser** *fam.* travailler – 13 **flashé,e** *ici:* photographié (par un radar) – 20 **les Trois Suisses** un magasin de vente par correspondance – 21 **une nuisette** une chemise de nuit très courte – 25 **une botte (de qc)** Bund – 25 **une asperge** Spargel – 30 **une serrurerie-minute** Schlüsseldienst

Devant le kiosque à journaux, Georgette achète les journaux pour les clients du bar.

MARCHANDE *(d'un air entendu)* Alors, on dirait que ça va mieux, les migraines ?

GEORGETTE Euh… oui un peu… mais vous savez, comme j'ai pas dormi de la nuit…

MARCHANDE En tout cas, il y a bien longtemps qu'on ne vous avait pas vu aussi bonne mine.

GEORGETTE Ah bon ?

MARCHANDE *(baissant le ton)* Comme quoi, une femme sans amour… c'est comme une fleur sans soleil, ça dépérit.

Georgette, troublée, ne trouve rien à répondre.

11 **dépérir** eingehen

9

Amélie arrive en retard au « Tout va mieux ».

Suzanne et Gina sont derrière le comptoir. Georgette est à sa place habituelle. Hipolito, la trentaine, aux allures de « poète maudit », prend un café au comptoir. Joseph, lui, prend son petit-déjeuner dans la salle.

AMÉLIE *(entrant)* Qu'est-ce qu'il fait beau aujourd'hui...

Gina et Suzanne se regardent en riant.

AMÉLIE J'ai dit une bêtise ?

SUZANNE Pour le moment, il n'y en a pas un seul qui ait franchi cette porte sans nous annoncer qu'il fait beau dehors.

HIPOLITO C'est l'angoisse du temps qui passe qui nous fait tant parler du temps qu'il fait.

SUZANNE Vous pouvez nous répéter ça ?

GINA Mais non... c'est justement pour éviter de dire des foutaises qu'on parle de la pluie et du beau temps.

Georgette regarde dans la direction de Joseph à travers le miroir. Leurs regards se croisent mais se détournent aussitôt. Georgette se redresse et réajuste son corsage.

HIPOLITO Des foutaises, j'en écris aussi pas mal, mais malheureusement, personne ne veut les éditer.

SUZANNE Toujours pas... ?

HIPOLITO *(sortant une lettre de sa poche)* La trentième... !

SUZANNE Eh ben, et votre cousin critique littéraire ?

HIPOLITO Pffff, vous pensez ! Les critiques littéraires sont des cactus qui vivent de leur piquant, parmi des vautours qui vivent de leur plume...

AMÉLIE Sinon, c'est quoi votre livre, une histoire d'amour ?

Georgette, quittant des yeux son cahier de timbres, tombe sur le regard de Joseph, qui regarde tout de suite dans son cahier de notes.

HIPOLITO Non, c'est l'histoire d'un type qui écrit son journal. Sauf qu'au lieu d'écrire au fur et à mesure ce qui lui arrive, il écrit à l'avance la version catastrophe de ce qui pourrait lui arriver. Du coup, ça le déprime, donc il ne fait rien.

GINA Bref, en gros, c'est l'histoire d'un type qui ne fait rien.

4 **maudit,e** verfemt – 9 **franchir** *ici:* passer – 11 **une angoisse** une peur – 14 **une foutaise** *fam.* une bêtise – 17 **se détourner** sich abwenden – 18 **se redresser** sich aufrichten – 18 **réajuster** zurechtrücken – 18 **un corsage** Oberteil – 20 **éditer** publier – 25 **un piquant** Stachel – 25 **un vautour** Geier – 26 **une plume** Feder – 27 **sinon** ansonsten – 31 **au fur et à mesure** nach und nach – 34 **bref** kurz gesagt

Les regards de Georgette et Joseph remontent lentement au même instant. Ils se contemplent fixement, pendant une fraction de seconde... Parfaitement synchronisés, chacun retourne aussitôt à ses occupations...

HIPOLITO Tenez, Mme Suzanne, je vais vous dédicacer le manuscrit qu'ils m'ont renvoyé.

GINA *(à Suzanne)* C'est ça, il vous dédicace son manuscrit et vous passez l'éponge sur son ardoise.

SUZANNE Bah... j'échange ses chefs-d'œuvre contre mes hors-d'œuvre, c'est du sponsoring !

HIPOLITO *(avant de disparaître)* Merci Mme Suzanne.

Suzanne feuillette le manuscrit.

SUZANNE *(lisant)* « Il se demandait si ce monde était bien réel, ou s'il n'était que le reflet dans l'espace d'un autre monde où l'on existerait vraiment ».

GINA Moi, si vous voulez mon avis, quand on se lève tous les matins à six heures pour aller trimer, on ne se pose pas ce genre de question.

AMÉLIE *(à Suzanne)* Je peux vous l'emprunter ? Moi j'aime bien cette histoire de reflets.

Puis remarquant que Joseph est en train d'observer Georgette dans la glace :

AMÉLIE *(à voix basse)* A propos de reflets, il y en a qui se rencontrent dans les petites annonces, et d'autres dans les miroirs.

Suzanne regarde Georgette et Joseph, très étonnée.

En rentrant chez elle, Amélie s'arrête devant l'épicerie en entendant Collignon qui critique Lucien. Celui-ci reste sans bouger, un cageot de salades à la main.

COLLIGNON Non mais regardez-le ! Je lui ai demandé de décharger la camionnette, mais je lui ai pas dit où poser les cageots... Lucien, ton lacet !

Lucien pose le cageot et voit que son lacet n'est pas défait.

COLLIGNON Voilà... eh ben tu vois, quand tu veux ! Celui-là alors, s'il a pas été fini au pipi...

Amélie, furieuse, rentre dans l'immeuble d'un air bien décidé.

2 **une fraction** *ici:* Bruchteil – 3 **parfait,e** perfekt – 5 **dédicacer** signieren – 8 **passer l'éponge sur qc** oublier qc – 8 **une ardoise** Schiefertafel; *ici:* Schulden – 14 **l'espace** *m.* (Welt)Raum – 17 **trimer** *fam.* travailler dur – 19 **emprunter** ausleihen – 28 **un cageot** Kiste – 29 **décharger** ausladen – 30 **une camionnette** une voiture – 31 **un lacet** Schnürsenkel – 32 **défait,e** *ici:* offen – 34 **finir qc** *ici:* etw. den letzten Schliff geben

Elle monte les escaliers, sort de sa poche le double de la clef de Collignon et entre dans l'appartement de l'épicier.

Elle découvre l'intérieur d'un célibataire maniaque. Tout est vieux et un peu sale, sauf les chaussons, quasi-neufs, parfaitement alignés au pied du fauteuil.

Amélie les prend à la main, les examine avec attention et les repose exactement à leur place.

Puis elle inverse les poignées de la porte des toilettes.

Ensuite, ouvrant le placard à chaussures, elle saisit sa lime à ongles et rogne deux ou trois paires de lacets.

Puis elle saisit les bouteilles d'apéritif et verse du sel à l'intérieur.

Examinant la salle de bain, elle inverse sur l'étagère du lavabo le tube de dentifrice avec le tube de crème « pieds secs ».

Enfin, elle programme le réveil pour cinq heures du matin.

Quand elle quitte l'appartement sur la pointe des pieds, en un éclair, elle se « voit » tel Zorro, dessinant un « z » à la pointe de son épée sur la porte de l'épicier !

3 **célibataire** qui n'est pas marié – 4 **un chausson** Hausschuh – 8 **inverser** *ici:* austauschen, umstellen – 9 **une lime à ongles** Nagelfeile – 10 **rogner** *ici:* presque couper – 11 **verser** mettre – 12 **un lavabo** Waschbecken – 14 **un réveil** Wecker – 17 **une épée** Schwert

10

C'est dimanche. Dans le train de banlieue qui l'emmène chez son père, Amélie feuillette le recueil de nouvelles d'Hipolito. Elle finit par tomber sur une phrase qui lui plaît !

VOIX OFF D'HIPOLITO Sans toi, les émotions d'aujourd'hui ne seraient que la peau morte des émotions d'autrefois.

Amélie répète à voix basse :

AMÉLIE Sans toi, les émotions d'aujourd'hui ne seraient que la peau morte des émotions d'autrefois.

Un contrôleur de la SNCF est penché sur elle et la regarde sans expression.

CONTRÔLEUR Pardon ?

AMÉLIE *(sur un ton faussement confidentiel)* Sans toi, les émotions d'aujourd'hui ne seraient que la peau morte des émotions d'autrefois.

CONTRÔLEUR Ticket, s'il vous plaît.

Amélie est en train de déjeuner en tête-à-tête avec son père. Il semble préoccupé et la tête ailleurs.

LE PÈRE *(distraitement)* Et ton travail, alors ?

AMÉLIE Tu m'as déjà posé la question, papa.

LE PÈRE Oui, mais toi, comment ça va en ce moment ?

AMÉLIE Plutôt bien. Je crois qu'il y a quelque chose qui change et tu vois je... *(réalisant qu'il n'écoute pas)*... J'ai eu deux crises cardiaques et j'ai dû me faire avorter parce que j'avais pris du crack pendant que j'étais enceinte. En dehors de ça, tout va bien.

LE PÈRE Tant mieux... tant mieux...

AMÉLIE *(après un temps)* Il y a quelque chose qui ne va pas ?

LE PÈRE Non rien.

AMÉLIE Au fait, j'ai vu que ton nain de jardin n'était plus là... il est retourné dans la cabane à outils ?

Après une hésitation, le père se lève sans un mot et va chercher une enveloppe sur le buffet. Il en sort un polaroïd qu'il tend à Amélie.

Elle découvre le nain posant devant l'Empire State Building. Elle retourne la photo.

9 **la SNCF** französische Bahngesellschaft – 12 **confidentiel,le** vertraulich – 17 **préoccupé,e** inquiet (besorgt) – 22 **une crise cardiaque** Herzinfarkt – 23 **avorter** abtreiben – 24 **enceinte** schwanger – 30 **une hésitation** → hésiter

LE PÈRE Rien. Pas la moindre explication. C'est ahurissant !
AMÉLIE Il avait peut-être simplement envie de voir du pays…
LE PÈRE *(perplexe)* Je ne comprends pas, je ne comprends pas…

Amélie rentre à Paris, de bonne humeur. En traversant le hall de la gare du Nord, elle aperçoit un petit papier collé sur l'appareil de photomatons où elle a surpris Nino la dernière fois. Elle approche. C'est une petite annonce de Nino, qui, à la recherche de son album, donne un numéro de téléphone. Après un regard autour d'elle, elle décolle le papier et le met dans son sac.

Amélie entre chez elle et punaise la petite annonce dans sa chambre, en face du lit.

Une fois couchée, elle feuillette à nouveau l'album de photomatons. Dès qu'elle lève les yeux, son regard se pose machinalement sur l'annonce de Nino.

Une fille normale prendrait le risque de l'appeler tout de suite. Elle lui donnerait rendez-vous à une terrasse pour lui rendre son album et en quelques minutes, elle saurait si ça vaut le coup de continuer à rêver ou non. Ça s'appelle se confronter à la réalité. Mais ça, justement, Amélie n'y tient pas du tout.

Amélie s'est endormie, lumière allumée, le cahier ouvert sur la couverture.

Sur le mur de la chambre sont suspendues deux peintures représentant l'une une chèvre, l'autre un lapin. Les deux animaux s'animent et se tournent l'un vers l'autre, l'air préoccupé.

LA CHÈVRE *(à voix basse)* Elle serait pas en train de nous tomber amoureuse… ?

Sur la table de nuit est posée une lampe représentant un cochon à l'air sympathique. Il s'anime lui aussi et, se tournant vers elle, soupire en hochant la tête. Puis il éteint la lumière.

Il fait noir. Le réveil sonne. Il est cinq heures du matin. La lumière s'allume.

L'épicier Collignon, complètement hébété, se redresse dans son lit. Il arrête la sonnerie sans même jeter un œil au réveil.

2 **la moindre** die geringste – 2 **une explication** → expliquer – 2 **ahurissant,e** verblüffend – 10 **punaiser** mit Reißzwecken heften – 22 **suspendu,e** aufgehängt – 22 **représenter** montrer – 23 **une chèvre** Ziege – 23 **s'animer** se mettre à bouger – 27 **un cochon** Schwein – 29 **hocher la tête** den Kopf schütteln – 31 **hébété,e** benommen

Il se lève et se dirige vers la porte des toilettes. D'un geste machinal, il cherche à saisir la poignée inversée par Amélie et sa main se referme sur le vide. Il reste hébété, incapable de comprendre ce qui lui arrive, répétant stupidement le même geste plusieurs fois.

À l'intérieur de la salle de bain, ébloui par le néon, l'épicier saisit à tâtons ce qu'il croit être le tube de dentifrice, et dépose de la crème « pieds secs » sur la brosse à dents. La portant à sa bouche, il se fige dans une grimace d'incompréhension et de dégoût... !

Sortant de l'immeuble, les pieds de l'épicier apparaissent dans la rue. Un morceau de grosse ficelle remplace un lacet rompu.

L'épicier, toujours hébété, commence à remonter son store, quand soudain il se fige. Il se retourne lentement et voit arriver, à l'autre bout de la rue vide, le camion de ramassage des ordures. Réalisant petit à petit qu'il fait encore nuit, que tout est fermé, il contemple stupidement sa montre, tandis qu'un tic nerveux apparaît sur son visage.

C'est le matin, il fait jour. La concierge arrive devant l'épicerie.

Lucien, de bonne humeur, est seul à servir les clientes, mais tout le monde parle à voix basse.

LA CONCIERGE *(à voix haute)* Ben il est pas là le patron ?

LUCIEN *(à voix basse)* Chuut... ! Il dort dans les choux-fleurs...

Amélie descend l'escalier. Arrivée en bas, elle remarque que la porte de la loge est restée ouverte. Amélie hésite, puis entre...

Elle approche de la caisse enregistreuse et en sort les lettres d'amour du mari disparu.

Au café, Georgette a quitté son éternelle veste en grosse laine pour mettre un gilet décolleté beaucoup plus élégant.

Georgette regarde machinalement dans le miroir et croise le regard de Joseph. Cette fois-ci, au lieu de détourner les yeux, Joseph se lève et se dirige droit vers elle. Amélie observe la scène..

GEORGETTE *(faisant un lapsus)* Vous me désirez ? Hum... vous désirez ?

3 **incapable** ≠ capable – 6 **à tâtons** tastend – 8 **se figer** rester sans bouger – 8 **le dégoût** Ekel – 10 **une ficelle** Schnur – 10 **remplacer** ersetzen – 10 **rompre** casser – 11 **un store** Rollladen – 13 **le ramassage des ordures** *(f.)* Müllabfuhr – 26 **éternel,le** *ici:* habituel – 26 **la laine** Wolle – 27 **un gilet** Strickjacke – 31 **un lapsus** Versprecher

JOSEPH Un Tacotac, s'il vous plaît.

Georgette lui en donne un.

JOSEPH C'est la première fois. Je ne sais pas comment m'y prendre.

GEORGETTE Regardez, je vais en prendre un aussi. On va le faire ensemble.

Elle gratte, il l'imite.

GEORGETTE Rien. Et vous ?

JOSEPH Rien. *(un temps)*. Malheureux au jeu...

GEORGETTE Oui, c'est ce qu'on dit...

Un long silence gêné.

JOSEPH *(montrant sa place)* Bon... ben, j'y retourne.

Amélie et Suzanne se jettent un regard entendu.

Amélie dépose une coupe de glace devant une petite fille et un lait-fraise devant son petit frère. Celui-ci se met à pleurer en voyant la glace de sa sœur.

LA MÈRE Insiste pas, tu sais bien que ça te fait mal au ventre.

AMÉLIE Faut pas être jaloux. Je t'ai mis du lait spécial, t'as vu sa couleur ? Ça vient d'une vache qui ne broute que des malabars.

Le petit garçon arrête immédiatement de pleurer et regarde son verre d'un air nettement plus intéressé. Puis Amélie se dirige vers le bar et s'essuie les mains. S'approchant du téléphone public, elle sort discrètement la petite annonce de sa poche. Prenant une profonde inspiration, elle compose lentement le numéro.

VOIX MASCULINE Erotica Club...

AMÉLIE J'appelle pour l'annonce.

VOIX MASCULINE Vous êtes majeure ?

AMÉLIE Euh... oui.

VOIX MASCULINE Vous êtes épilée ?

AMÉLIE Pardon ?

VOIX MASCULINE J'te demande si t'es épilée. Parce que le tablier de sapeur, aujourd'hui, ça rebute le client.

Amélie, choquée, raccroche.

1 **le Tacotac** Rubbelspiel – 16 **insister** beharren – 18 **brouter** *pour un animal:* manger – 18 **un malabar** *ici:* Kaugummi – 23 **une inspiration** → inspirer – 23 **composer** *ici:* wählen – 26 **majeur,e** de plus de 18 ans – 28 **épilé,e** rasiert, enthaart – 30 **un tablier de sapeur** *fam.* starke Behaarung – 31 **rebuter qn** ≠ plaire à qn

11

Lucien, qui fait les livraisons, sonne à la porte d'Amélie pour vérifier qu'il n'y a personne. Il attend quelques secondes, puis sort de sa poche un gros trousseau de clefs, en choisit une et entre dans l'appartement, chargé d'une caisse d'eau minérale.

Quelques instants plus tard, il ressort, referme consciencieusement la porte à clef, ramasse au sol un autre cageot rempli de provisions et se dirige vers l'escalier.

C'est alors qu'il croise la concierge qui descend, aspirateur à la main.

LUCIEN Comment ça va Madame Walace ?

LA CONCIERGE Oh... Quand on a plus grand chose à attendre de la vie, tu sais...

Arrivé sur le palier de M. Dufayel, il sonne et ouvre la porte. A ce moment, il se rend compte que le paillasson fait une grosse bosse. Il le pousse du pied et découvre l'enveloppe déposée par Amélie.

Dans l'appartement, Lucien vient directement déposer le cageot devant Dufayel. On y voit des poireaux, des boîtes de conserve, des produits pour le nettoyage, des artichauts...

LUCIEN Voilà. Tout ce que vous m'avez demandé, Monsieur Dufayel.

DUFAYEL Ça m'étonnerait, j'ai horreur des artichauts !

LUCIEN Vous avez tort, Monsieur Dufayel. Laissez-moi vous montrer.

Lucien d'un air malicieux remonte alors ses manches. Il saisit un artichaut par le pied, le présente à Dufayel avec des manières de magicien. Saisissant délicatement la tête, il la soulève, découvrant une boîte de foie gras qui était cachée à l'intérieur du légume évidé.

DUFAYEL Ah, ben je préfère ça.

Prenant de la même façon une boîte de thon découpée peu avant, Lucien fait apparaître un petit pot de caviar. Puis il retire le haut d'un bidon de Vizir, faisant apparaître une bouteille de champagne.

3 **un trousseau (de clefs)** Schlüsselbund – 4 **chargé,e de qc** *ici:* en portant qc – 5 **consciencieux, -euse** qui fait très attention – 6 **les provisions** *f.* Einkäufe, Proviant – 8 **un aspirateur** Staubsauger – 16 **un poireau** Lauch, Porree – 20 **étonner** surprendre – 20 **avoir horreur de qc** ≠ aimer qc – 21 **avoir tort** ≠ avoir raison – 23 **malicieux, -euse** schalkhaft (→ la malice) – 25 **un magicien** Magier – 25 **soulever** heben – 26 **le foie gras** Gänseleberpastete – 26 **évidé,e** ausgehöhlt (→ vide) – 29 **retirer** enlever – 30 **un bidon** *ici:* une bouteille en plastique – 30 **Vizir** flüssiges Waschmittel

DUFAYEL Lucien, tu es le roi des magiciens !

LUCIEN Et tout ça aux frais de Monsieur Collignon. C'était pas dur, aujourd'hui, il était complètement dans les choux.

Dufayel prend soudain un air contrarié.

DUFAYEL De « *Monsieur* » Collignon ??? *(avec reproche)* Lucien !

LUCIEN Oh… pardon, Monsieur Dufayel, j'ai pas fait attention…

DUFAYEL Exercice, mon petit Lucien, exercice…

LUCIEN Oh noon… Pas aujourd'hui, Monsieur Dufayel, j'ai pas le temps…

DUFAYEL *(avec sévérité)* Lucien ! ! ! Répète après moi. Collignon, crêpe-chignon… !

LUCIEN *(comme un gosse contrarié)* Collignon… crêpe-chignon.

DUFAYEL Très bien. A toi maintenant. Collignon… ???

LUCIEN Collignon… Face de fion !

DUFAYEL Eh ben voilà… tu vois quand tu veux… Allez ! Collignon ?

LUCIEN Collignon… Tête à gnon !!!

DUFAYEL Trèèès bien. Allez, encore, Collignon ?

LUCIEN Collignon, tête à gnon. Collignon, tétagnon. *(Puis de plus en plus rapidement)* Collignontétagnon, Collignontétagnon, Collignontétagnon, Collignontétagnon, Collignontétagnon, Collignontétagnon, Collignontétagnon…

DUFAYEL C'est bien, c'est bien. Ça ira pour aujourd'hui.

LUCIEN *(comme un gosse qui a fini ses devoirs)* A demain, Monsieur Dufayel. Ah, au fait, y'avait ça sous votre paillasson.

Il sort du cageot l'enveloppe d'Amélie, la tend à Dufayel, et sort en courant.

Dufayel contemple l'enveloppe d'un air suspicieux. Il l'ouvre, sort la cassette, qu'il tourne et retourne, à la recherche d'un indice sur sa provenance.

Il se décide enfin à la mettre dans son vieux magnétoscope.

Sur l'écran, on voit une série d'images poétiques : le cheval qui court au milieu des coureurs du Tour de France ; une machine étrange qui a pour fonction de malaxer la guimauve ; une petite fille qui joue innocemment à la balle devant un graffiti obscène…

Dufayel semble extrêmement perplexe. Mais un petit sourire apparaît lentement sur son visage…

4 **contrarié,e** ≠ content – 10 **la sévérité** → sévère – 12 **un crêpe-chignon** *fam.* Zankteufel – 14 **le fion** *fam.* After – 17 **un gnon** *fam.* un coup – 28 **suspicieux, -euse** misstrauisch – 30 **la provenance** l'origine – 34 **malaxer** durchkneten – 34 **la guimauve** weiche Bonbonmasse

Au « Tout va mieux », Amélie observe Joseph, au comptoir de tabac, en train de gratter un autre Tacotac.

JOSEPH *(souriant)* Toujours rien.

GEORGETTE Toujours rien...

Joseph remarque alors une peluche de laine prise dans la chaîne de Georgette.

JOSEPH *(murmurant)* Vous avez quelque chose, là... Vous permettez...?

Il approche lentement sa main. Ses doigts effleurent le cou de Georgette qui rougit tout de suite.

JOSEPH *(d'une voix altérée)* Vous êtes belle quand vous rougissez, Georgette... On dirait une fleur des champs.

GEORGETTE C'est... c'est mon aérophagie...

Ils restent tétanisés.

A cet instant, un client entre.

CLIENT Bonjour tout le monde. Qu'est-ce qu'il fait beau aujourd'hui !

Le charme est rompu. Joseph, tout rouge, file vers les lavabos où il se passe le visage à l'eau froide.

Amélie l'a vu.

Saisissant son plateau chargé, elle file vers le tabac.

AMÉLIE Un Camel filtres s'il te pl... Oupss... !

Penchant exagérement son plateau, elle vient de renverser du café, qui coule sur les genoux de Georgette.

AMÉLIE Oh pardon, je suis désolée !

GEORGETTE Ah bravo... ! *(Au client)* Excusez-moi, je reviens tout de suite.

Tout en râlant, elle file à son tour vers les lavabos... où elle se retrouve nez à nez avec Joseph.

La porte se referme derrière eux.

Ils se regardent fixement en bredouillant quelques mots puis, brusquement, Georgette se jette sur Joseph et le plaque contre le mur.

Dans la salle, Amélie, un œil sur la porte des toilettes, essuie distraitement des verres. Soudain, une petite cuillère se met à frapper le bord d'une tasse avec régularité. Amélie, étonnée, la contemple. Elle s'aperçoit alors que le liquide des bouteilles d'apéritif a, lui

5 **une peluche** *ici:* Fussel – 7 **murmurer** flüstern – 10 **rougir** devenir rouge – 11 **altéré,e** *ici:* transformé par l'émotion – 13 **l'aérophagie** *f.* krankhaftes Luftschlucken – 14 **tétanisé,e** erstarrt – 30 **bredouiller** stammeln – 35 **avec régularité** *(f.) ici:* im Takt – 36 **le liquide** Flüssigkeit

aussi, des frissons réguliers. Au-dessus du comptoir, un néon se met à grésiller… et tout cela sur le même rythme constant.

Soudain, de l'autre côté de la porte des toilettes, des cris étouffés se font entendre. Le client et Mme Suzanne regardent autour d'eux. Amélie fait diversion en actionnant le percolateur, qui siffle comme une locomotive.

1 **un frisson** leichtes Zittern – 2 **grésiller** knistern – 5 **faire diversion** *(f.)* ablenken – 5 **actionner** faire marcher – 5 **un percolateur** une machine à café

12

Dans l'appartement de Raymond Dufayel, Amélie contemple le tableau. Dufayel sort de la cuisine un plateau à la main.

DUFAYEL Le petit vin chaud... avec des Spéculos !

AMÉLIE Merci.

DUFAYEL Je crois que j'ai été un peu dur l'autre jour avec la fille au verre d'eau.

Amélie hausse les épaules.

DUFAYEL Alors, racontez-moi. Ce garçon qu'elle a croisé un jour, elle l'a revu ?

AMÉLIE *(gênée)* Non, en fait, ils ne s'intéressent pas aux mêmes choses.

DUFAYEL *(malicieux)* Vous savez, la chance, c'est comme le Tour de France. On l'attend longtemps, mais ça passe vite. Alors, quand le moment viendra... il faudra sauter la barrière sans hésiter.

Amélie baisse les yeux pour éviter le regard de Dufayel, puis les relève soudain.

AMÉLIE Dites-moi... Vous n'avez jamais eu envie de faire un tableau à vous ?

Amélie, l'album de photomatons sous le bras, arrive devant l'Erotica Club, un peep-show de la Rue de la Gaîté.

Après une hésitation, elle entre, mal à l'aise.

Il n'y a personne à la caisse. A ce moment, Eva, une stripteaseuse d'une trentaine d'années, sort de la cabine en peignoir.

AMÉLIE Excusez-moi. J'ai trouvé cet album dans la rue, et...

EVA Ça alors ! C'est Nino qui va être content... ! Il avait l'air tellement malheureux l'autre jour que j'étais sur le point d'aller mettre un clerge à St-Antoine. D'après ma mère, quand on perd quelque chose d'important, après la rue des Morillons, le mieux, c'est St-Antoine.

AMÉLIE Et... Nino, il est là ?

EVA Ah non, jamais le mercredi. Il travaille à la Foire du Trône.

AMÉLIE Ah bon. Et... ça fait longtemps qu'il fait cette collection ?

EVA Depuis qu'il travaille ici, il y a un an. C'est moi qui l'ai fait entrer. Avant, il collectionnait les empreintes de pas dans le ciment...

Devant le regard surpris d'Amélie, elle précise.

3 **un spéculos** un biscuit – 7 **hausser les épaules** *(f.)* mit den Schultern zucken – 21 **être (mal) à l'aise** sich (un)wohl fühlen – 23 **un peignoir** Bademantel – 27 **St-Antoine** une église – 28 **la rue des Morillons** *ici:* le bureau des objets trouvés – 30 **la Foire du Trône** une kermesse, à Paris – 33 **une empreinte** Abdruck

EVA Oui, il était veilleur de nuit, et du coup, il passait ses journées à photographier tous les endroits où quelqu'un a marché par accident sur du ciment encore frais... C'est un drôle d'oiseau... Quand je l'ai connu, il faisait le père Noël à la Samaritaine, et il se passionnait pour toutes les rumeurs en circulation, vous savez, du genre... « C'est arrivé à des amis d'un cousin de mes voisins. Eh ben, figure-toi que leur enfant s'est fait enlevé dans la foule à Disneyland, et qu'on l'a retrouvé trois mois plus tard... avec un rein en moins. » A une autre époque, il faisait des ventes par téléphone, et il gardait tous les messages bizarres sur lesquels il tombait. Et puis il y a eu les rires... ça, il m'a fait écouter. Dès qu'il entendait un rire un peu rigolo, il l'enregistrait...

AMÉLIE Eh ben... pour sa petite amie, ça ne doit pas être facile tous les jours...

EVA Oh, il n'a jamais été fichu d'en garder une seule. Les temps sont durs pour les rêveurs.

A ce moment, une autre stripteaseuse apparaît par la porte de la cabine.

STRIPTEASEUSE *(impatiente)* Eva ! C'est quand tu veux...

EVA *(à Amélie)* Allez, faut que j'y aille. Merci pour l'album.

AMÉLIE J'ai un peu de temps, je vais lui ramener moi-même à la Foire du Trône.

EVA *(disparaissant)* Comme vous voulez... La chenille des Carpates... ! Demandez Nino Quicampoix, comme la rue !

A la Foire du Trône, Amélie arrive devant « La chenille des Carpates », un train fantôme décoré de vampires, squelettes et autres sorcières. Le Solex de Nino est juste à côté.

Amélie ramasse un caillou plat, puis le serre dans sa main comme si elle faisait un vœu. Enfin, elle le met dans sa poche, où il rejoint les autres, et elle se dirige vers la caisse.

AMÉLIE *(à la caissière)* Bonjour. Je cherche Nino. Est-ce qu'il est là ?

LA CAISSIÈRE Nino ? Ah mais c'est qu'il ne sort pas avant sept heures.

AMÉLIE Il n'y a pas moyen de le voir avant ?

LA CAISSIÈRE Si si, y'a moyen. C'est quinze francs.

1 **un veilleur** (Nacht)Wächter – 4 **la Samaritaine** un grand magasin parisien – 4 **se passionner pour qc** sich für etw. begeistern – 6 **se figurer** s'imaginer – 8 **un rein** Niere – 9 **un message** *ici:* Ansage – 11 **rigolo** *fam.* drôle – 14 **fichu,e (de faire qc)** *fam.* capable – 15 **un rêveur** qn qui aime rêver– 18 **impatient,e** ungeduldig – 22 **une chenille** Raupe – 22 **les Carpates** montagnes de l'Europe de l'Est – 25 **un train fantôme** Geisterbahn – 26 **une sorcière** Hexe – 29 **rejoindre** *ici:* retrouver

Voilà Amélie dans un chariot du train fantôme, dans l'obscurité, parmi les monstres plus ou moins fluorescents. Des squelettes surgissent de cercueils en fer, des araignées en plastique tombent du plafond, tandis qu'on entend des cris d'agonie et des rires caverneux...

Soudain, Nino, habillé d'une combinaison noire, le visage caché sous une cagoule, monte silencieusement à l'arrière du chariot. Hululant à son oreille comme un fantôme, il lui caresse la nuque... Amélie, très troublée, se laisse faire en fermant les yeux.

Que la main d'un homme l'effleurant à peine puisse la faire frissonner jusqu'à la racine des cheveux, Amélie n'en revient pas. La vie lui paraît soudain aussi grisante qu'un ricochet à sept rebonds.

A la fin de la journée, Nino sort du train fantôme, avec ses habits de ville.

NINO *(à la caissière)* Bonsoir Marcelle, à mercredi.

Alors qu'il enlève la chaîne de sûreté de son Solex, il découvre, attaché au rétroviseur, un morceau de papier. C'est une série de photos identiques du même homme, extraite de son album. Au dos, un rendez-vous près du manège de Montmartre, pour le lendemain...Une précision : il doit avoir sur lui une pièce de deux francs.

Le soir, Nino est dans sa chambre et semble dormir. Sur la table de nuit est posée la série des quatre photomatons identiques. Soudain, ceux-ci s'animent. Les quatre visages du même homme se tournent vers Nino.

LES QUATRE Pssss...

Nino se retourne et les contemple.

LES QUATRE T'aimerais bien en savoir plus, hein... ?

NINO Vous... vous l'avez vue, la fille... ?

LES QUATRE *(avec un sourire en coin)* Bien sûr, qu'on l'a vue.

CELUI EN HAUT À GAUCHE Elle nous a glissé dans la poche de sa chemisette...

CELUI EN BAS À DROITE Contre son sein... !

NINO Et... et... elle est belle... ?

1 **un chariot** *ici:* Wagen – 2 **fluorescent,e** leuchtend – 3 **une araignée** Spinne – 4 **l'agonie** *f.* Todeskampf – 4 **caverneux, -euse** höllisch – 7 **une cagoule** Kapuzenmütze – 8 **hululer** *ici:* Geisterschreie von sich geben – 8 **la nuque** Nacken – 10 **frissonner** leicht zittern – 11 **la racine** Wurzel – 12 **grisant,e** berauschend – 12 **un rebond** Abprall – 17 **un rétroviseur** Rückspiegel – 19 **un manège** Karussell – 20 **une précision** un détail – 31 **une chemisette** une chemise d'été – 32 **le sein** Busen

LES QUATRE *(l'air entendu)* Hmmmmm... pas mal.

CELUI EN HAUT À DROITE Belle.

LES TROIS AUTRES Ah non ! Plutôt jolie.

CELUI EN HAUT À DROITE Non, non, belle !

NINO Mais qu'est-ce qu'elle me veut ?

CELUI EN BAS À GAUCHE Elle est fauchée. Elle espère une récompense en échange de l'album.

CELUI EN HAUT À DROITE Ou alors, elle fait aussi la collec de photomatons.

CELUI EN HAUT À GAUCHE C'est ça. Et comme nous, elle nous a déjà, elle voudrait faire l'échange contre un borgne moustachu... !

Les quatre rient comme des gamins. Soudain, ils s'interrompent en même temps devant la mine déçue de Nino.

LES QUATRE Mais non, crétin. Elle est amoureuse.

NINO Mais... mais... je la connais même pas... !

LES QUATRE Mais si, tu la connais.

NINO Depuis quand ?

LES QUATRE Depuis longtemps...

CELUI EN HAUT À GAUCHE *(à voix basse)* Depuis toujours... dans tes rêves...

Dans sa chambre, Amélie, les yeux grands ouverts, n'arrive pas à trouver le sommeil. Soudain, son oreiller s'anime. Le visage de Nino apparaît, se tourne vers son oreille et hulule doucement comme un fantôme. Amélie ferme les yeux.

6 **fauché,e** *fam.* sans argent – 11 **un borgne** qn qui n'a qu'un œil – 11 **moustachu** qui a une *moustache* (Schnurbart)

13

Près du manège de Montmartre, Nino, assis sur son Solex, regarde tout autour de lui. Soudain, le téléphone d'une cabine sonne.

Les passants se regardent, hésitants. Une jeune femme finit par décrocher. Elle écoute un instant, regarde autour d'elle et fait signe à Nino.

JEUNE FEMME C'est pour vous !

Nino dépose son Solex contre la cabine et saisit le téléphone.

Amélie est cachée dans un café de l'autre côté de la rue, le téléphone à la main.

NINO Allô ?

VOIX D'AMÉLIE *(après un silence)* Suivez la flèche.

Elle raccroche.

Nino aperçoit alors sur le sol des flèches dessinées à la craie, à intervalles réguliers. Il sort de la cabine et les suit.

Les flèches, dessinées sur le sol ou sur les murs, font le tour du jardin du Sacré-Cœur et convergent vers un mime déguisé et maquillé comme une statue égyptienne. Immobile, le mime tend le doigt vers l'horizon.

Nino le contemple sans comprendre. Soudain, un enfant l'attrape par le pantalon et récite :

L'ENFANT Quand le doigt montre le ciel, l'imbécile regarde le doigt.

Et il s'en va.

Après une seconde de perplexité, Nino regarde dans la direction indiquée par le doigt du mime et découvre une longue-vue d'observation. Il court jusqu'à la longue-vue. Se rappelant soudain le mot d'Amélie, il sort de sa poche une pièce de deux francs et la met dans la fente.

Dans l'objectif de la longue-vue apparaît Amélie, tout en bas à côté du Solex, portant un foulard et des lunettes noires, qui lui montre l'album de photomatons et le met dans la sacoche du Solex de Nino.

Nino se précipite, court, descend les escaliers à toute vitesse… mais quand il arrive, à bout de souffle, Amélie a disparu. Au moment où il saisit son album, la cabine sonne à nouveau.

Il décroche.

4 **décrocher** abnehmen – 11 **une flèche** Pfeil – 13 **une craie** Kreide – 14 **un intervalle** Abstand – 16 **converger** *ici:* führen – 16 **un mime** un pantomime – 16 **déguisé,e** verkleidet – 21 **un imbécile** un idiot – 24 **une longue-vue** Fernrohr – 24 **une observation** → observer – 29 **un foulard** Tuch

AMÉLIE Je sais qui est l'inconnu des photomatons, Monsieur Quincampoix.

NINO Mais…

AMÉLIE C'est un fantôme. Nul ne peut le voir, Monsieur Quincampoix. Il n'apparaît que sur la surface sensible de la pellicule photographique. Quand les jeunes filles se font faire le portrait, il se penche à leur oreille et fait « Ouuuuu »… en leur caressant tout doucement la nuque. Certaines prennent peur et s'enfuient avant le flash. C'est là qu'il se fait prendre, Monsieur Quincampoix…

NINO Allô… ? mais… mais qui êtes-vous ???

AMÉLIE Page dix-huit.

Elle a raccroché.

Nino reste bouche bée. Puis son regard descend vers l'album qu'il ouvre à la page dix-huit. Il y découvre un photomaton d'Amélie en quatre images :

Sur la première, sa main tendue vers l'objectif cache son visage. Dans la main est écrit au feutre : « SOUHAITEZ… »

Sur la seconde, sa tête qu'elle bouge à toute vitesse est floue. Elle tient entre ses mains un papier sur lequel est écrit : « VOUS… »

Sur la troisième, elle apparaît en silhouette sur le fond blanc, sur lequel elle a écrit : « ME RENCONTRER… »

Et sur la quatrième, elle a dessiné un gros point d'interrogation sur son ventre, le point étant formé par le nombril.

Stupéfait, Nino referme le cahier en regardant tout autour de lui. Puis il monte sur son Solex et disparaît à l'horizon.

Quelques instants plus tard, sur le manège de chevaux de bois de Montmartre, Amélie, rouge de plaisir, tourne à toute vitesse, comme grisée par sa propre audace !

Dans son pavillon de banlieue, le père d'Amélie ouvre sa boîte à lettres et en sort une enveloppe avec un timbre exotique qu'il examine avec attention. Il la tourne et la retourne avant de se décider à l'ouvrir.

Elle contient un autre Polaroïd de son nain de jardin, posant cette fois devant le temple d'Angkor.

Il le contemple, bouche bée.

4 **nul,le… ne** personne… ne – 5 **une pellicule** Fotofilm – 16 **tendre** ausstrecken – 18 **flou,e** unscharf – 23 **le nombril** Bauchnabel – 28 **grisé,e** berauscht – 28 **l'audace** *f.* Kühnheit – 33 **contenir** beinhalten – 35 **bouche bée** la bouche ouverte (en raison de la surprise)

Au « Tout va mieux », Amélie, Suzanne, Gina et Hipolito sont au bar. Georgette, épanouie, écoute une chanson à la radio. Joseph lit le journal à sa place habituelle.

JOSEPH *(à voix haute)* Ecoutez ça : « Un garçon de six ans a profité du sommeil de ses parents pour prendre la route en pleine nuit au volant de sa voiture à pédales. Il a été retrouvé sur une autoroute près de Muenster, en Allemagne. Le garçon a confié aux policiers qu'il voulait juste aller voir les étoiles »...

GEORGETTE C'est beau, quand même, la vie.

Joseph se replonge dans son journal tandis que Georgette le contemple en souriant.

Au bar, tous échangent un regard amusé.

SUZANNE Un coup de foudre, c'est bien le seul virus qu'elle nous avait pas encore attrapé.

HIPOLITO Comme quoi... personne n'est à l'abri.

SUZANNE Hm, passé un certain âge, on craint moins les rechutes.

GINA Moi, au moins, ça me fait des vacances.

Elle est en train de masser la tête d'un petit vieux qui y prend visiblement du plaisir.

GINA Alors Monsieur René, ça va mieux ?

MONSIEUR RENÉ Oh là oui... ça me ravigote les méninges...

SUZANNE *(désignant Georgette)* En tout cas, y'a pas à dire, l'amour, ça donne bonne mine.

Amélie, machinalement, se regarde dans le miroir du comptoir...

A l'Erotica Club, Nino interroge Eva.

NINO A part ça, elle était blonde, brune ? petite, grande ?

EVA Hmmm. Disons, de taille moyenne, pas une naine ni une girafe, normale quoi. Jolie dans son genre... Sinon, blonde ou brune, alors là, c'est difficile à dire... En tout cas, elle n'était pas rousse, Encore que...

NINO C'est bon, laisse tomber.

EVA Par contre, je me souviens qu'elle a cherché à savoir comme ça, l'air de rien, si t'avais une petite amie.

Devant l'air étonné de Nino, elle ajoute :

EVA J'ai répondu que ça ne t'intéressait pas du tout... J'ai bien fait, non ?

NINO Tu n'as quand même pas dit ça ???

2 **épanoui,e** très heureuse – 6 **une autoroute** Autobahn – 7 **confier** *ici:* dire – 16 **une rechute** Rückfall – 21 **ravigoter** remettre en forme – 21 **les méninges** *f.* Hirnhaut

EVA *(sarcastique)* Qu'est-ce qui t'intéresse dans cette fille ? Tu ne la connais même pas.

NINO Le mystère...

EVA Ça, le mystère, c'est pas ici que tu vas le trouver. Désolée.

NINO Ne t'en fais pas. Celle que je cherche n'existe pas ailleurs non plus.

EVA Qu'est-ce que t'en sais ? Il paraît qu'on a tous une âme sœur quelque part dans le monde.

NINO Je sais. La mienne, je l'ai croquée.

EVA Hein ?

NINO Ma mère a fait une échographie quand elle était enceinte. Nous étions deux. Ma sœur et moi. Deux embryons jumeaux, parfaitement reconnaissables. Mais au bout de neuf mois, qui voilà tout seul ? Moi.

EVA Ben... et ta sœur ?

NINO *(confidentiel)* D'après les médecins, je l'ai mangée...

Eva le regarde, troublée.

Dans la rue, Amélie rentre chez elle. Sur le trottoir, elle croise l'aveugle et lui sourit. Lui, bien sûr, ne la voit pas, mais il reconnaît son parfum et sourit avec un temps de retard.

Amélie arrive devant l'épicerie, où elle attend son tour, devant l'étalage. Lucien est en train de servir une cliente.

LA CLIENTE Et une livre d'abricots.

LUCIEN Tenez, je vais vous mettre ceux-là, ils sont plus beaux.

COLLIGNON *(agacé)* C'est vrai que Monsieur est un esthète. Depuis quinze jours que je le vois repartir tous les soirs avec des tonnes d'invendus, je commençais à me demander s'il avait gagné un cochon à la foire aux jambons... mais pas du tout ! Monsieur prend des cours de dessin par correspondance. Toute la journée, Monsieur vend des poireaux, et le soir, Monsieur dessine des navets... ! *(Il se tourne vers Amélie)* Qu'est-ce que vous voulez que je fasse d'un légume pareil ?

Amélie, gênée, détourne le regard. Ses yeux se posent sur un soupirail.

3 **un mystère** Geheimnis – 7 **une âme** Seele – 9 **le mien / la mienne** meiner/ meine – 11 **une échographie** Ultraschalluntersuchung – 12 **jumeau, -elle** Zwillings- – 13 **reconnaissable** → reconnaître – 27 **invendu,e** → vendre – 29 **un cours par correspondance** *(f.)* Fernunterricht – 30 **un navet** 1. weiße Rübe; 2. schlechtes Gemälde – 31 **un légume** *ici: fam.* un idiot – 34 **un soupirail** une petite fenêtre de cave

Un bon souffleur de rue, comme au théâtre, caché derrière chaque soupirail, prêt à vous glisser une bonne répartie bien cinglante, voilà ce qu'il faudrait pour que les timides aient enfin le dernier mot…

On voit, à la place du soupirail, un trou de souffleur.

LE SOUFFLEUR *(soufflant)* Vous au moins… vous ne risquez pas d'être un légume… puisque même un artichaut a du cœur !

AMÉLIE *(répétant)* Vous au moins… vous ne risquez pas d'être un légume… puisque même un artichaut a un cœur !

Tous les clients et clientes regardent l'épicier hébété et éclatent d'un rire gras.

Dans l'escalier, Amélie sort le double de la clef et entre dans l'appartement de l'épicier. La porte refermée, elle sort de son sac une paire de gants, qu'elle enfile tel un cambrioleur professionnel.

Dans la chambre, elle sort de son sac une paire de chaussons semblables à ceux de Collignon posés au pied du lit, et fait l'échange.

Ensuite, elle débranche la prise de la lampe de bureau, enfile une épingle à travers le fil et casse la pointe.

Puis, saisissant le téléphone, elle change les numéros en mémoire.

Enfin, elle dévisse les ampoules des lampes de la chambre et les remplace par d'autres, sorties de son sac.

Satisfaite, elle retire ses gants, et quitte l'appartement sur la pointe des pieds.

2 **une répartie** une réponse – 2 **cinglant,e** schneidend – 13 **un gant** Handschuh – 13 **enfiler** mettre – 13 **un cambrioleur** un voleur – 17 **une épingle** Nadel – 18 **la mémoire** *ici:* Speicher – 19 **dévisser** abschrauben – 19 **une ampoule** Glühbirne – 21 **satisfait,e** content

14

De retour chez elle, Amélie, assise sur le canapé du salon, commence la lecture des lettres d'amour du mari de la concierge, qu'elle a été prendre dans la loge.

VOIX OFF DU MARI Mado chérie... Ton absence me devient chaque jour un peu plus pénible. Je suis en exil dans un monde désespérément kaki. Je ne dors plus, je ne mange plus...

Amélie est maintenant couchée sur le canapé. Un tas de lettres sont sur le sol.

VOIX OFF DU MARI J'ai commis la pire erreur de ma vie en acceptant ce stage qui va me priver de ma femme adorée durant cinq interminables semaines. Je pense sans cesse à toi... Ton Adrien...

Amélie est assise sur le siège des toilettes, d'autres lettres sur les genoux.

VOIX OFF DU MARI Bonne nouvelle, Mado chérie, dans peu de temps, je gagnerai suffisamment bien ma vie pour acheter une voiture, et je pourrai rentrer dormir à la maison tous les soirs. En attendant, j'espère que tu viendras me rejoindre vendredi soir...

Amélie est couchée sur son lit.

VOIX OFF DU MARI J'ai renoncé à l'argent de ma dernière commission, histoire de compenser ma démission un peu abrupte. Je me prends à rêver qu'un jour ou l'autre des temps meilleurs viendront. Un jour couleur d'orange, tu te souviens, Mado chérie ? Ton Adrien qui ne t'a jamais tant aimée.

Dans le hall de la gare du Nord, Amélie fait des photocopies des lettres de la concierge.

De retour chez elle, Amélie est assise à la table de la cuisine. Devant elle, le tas de photocopies, une paire de ciseaux, de la colle, des feuilles blanches.

Elle commence à sélectionner certaines phrases ou certains morceaux de phrases, parfois même un simple mot, et les découpe aux ciseaux. Puis elle recolle les morceaux sur une feuille de papier blanc.

1 **un canapé** un sofa – 2 **une lecture** → lire – 9 **commettre** faire (qc de mal) – 10 **un stage** *ici:* Lehrgang – 10 **priver qn de qc** jdm etw. entziehen – 10 **interminable** *ici:* très longues (→ terminer)– 19 **renoncer à qc** auf etw. verzichten – 19 **une commission** Provision – 20 **compenser** ausgleichen – 20 **une démission** Kündigung – 20 **abrupt,e** steil; *ici:* überstürzt – 27 **des ciseaux** *m.* Schere – 29 **sélectionner** choisir

Dans le hall de la gare, Amélie photocopie son montage.

Chez elle, Amélie trempe les photocopies dans une cuvette remplie de thé, afin de les jaunir. Ensuite, elle les étend sur un fil et les sèche avec un sèche-cheveux.

Enfin, elle a terminé. Fatiguée mais contente d'elle, elle commence à éteindre les lumières de son appartement, prête à aller se coucher.

En bas, Dufayel observe la fenêtre d'Amélie avec une paire de jumelles.

Le lendemain, Amélie marche dans les couloirs du métro. Soudain, elle s'arrête, stupéfaite. Sur un mur s'affiche une petite annonce : « Où et quand ? » *avec la photo agrandie de son propre nombril en point d'interrogation.*

Amélie rougit et accélère le pas. Sur le chemin, d'autres affichettes montrent son nombril. Troublée, elle les arrache une à une et les met dans sa poche. Puis elle disparaît dans l'escalier du métro.

Un quart d'heure plus tard, au 22 Boulevard de Strasbourg, Amélie entre dans un magasin de farces et attrapes, déguisements et cotillons.

Au même instant, au 108 de la rue des Martyrs, un homme quitte son domicile.

On ne voit que ses pieds. L'homme porte une paire de baskets rouges décorées d'une étoile blanche... celles de l'homme que Nino avait poursuivi dans le hall de la gare du Nord.

A 10 heures 15 minutes, Amélie emprunte l'escalier roulant de la station Havre Caumartin. Elle ne peut s'empêcher de jeter un regard d'envie vers des enfants qui prennent l'escalator dans le mauvais sens.

Pendant ce temps, rue des Petits Champs, l'homme aux baskets rouges, au volant de sa fourgonnette Citroën G7, actionne la pédale de frein pour mieux contempler une femme blonde, au volant derrière lui.

Dix-huit minutes plus tard, Amélie arrive au photomaton de la gare de l'Est.

2 **tremper** eintauchen – 3 **jaunir** rendre jaune – 4 **un sèche-cheveux** Föhn – 12 **agrandir** rendre plus grand – 14 **accélérer** beschleunigen – 14 **une affichette** une petite affiche – 15 **arracher** abreißen – 19 **des farces** *(f.)* **et attrapes** *(f.)* Scherzartikel – 19 **un cotillon** Partyartikel – 24 **poursuivre** verfolgen – 25 **emprunter** *ici:* prendre – 27 **un escalator** un escalier roulant – 29 **une fourgonnette** Lieferwagen

A la même seconde, l'homme aux baskets rouges exécute un créneau parfait, juste devant la gare, dérangeant deux moineaux qui faisaient leur toilette dans le caniveau. A cet instant, il est exactement 10 heures 37 minutes...

La main d'Amélie met des pièces dans la fente de l'appareil.

Une double porte du hall de la gare s'ouvre. Les chaussures à l'étoile blanche apparaissent.

Amélie, portant un masque de Zorro, se fait flasher.

Les pieds de l'homme approchent du photomaton.

Amélie enlève son masque, saisit le rideau de la cabine, l'écarte... et se fige bouche bée...

L'homme aux baskets rouges est le mystérieux personnage dont la photo revient sans cesse dans l'album de Nino. Amélie le contemple de la tête aux pieds, un sourire illumine son visage.

A ce moment précis de l'histoire, Amélie est la seule à connaître la clef de l'énigme... de l'inconnu des photomatons.

C'est le matin. Dans l'entrée de l'immeuble, la concierge nettoie la rampe d'escalier. Le facteur arrive et commence à distribuer le courrier dans les boîtes.

FACTEUR Bonjour Madame Walace. Comment ça va ce matin ?

LA CONCIERGE Oh, c'est toujours mieux quand il pleut pas.

LE FACTEUR *(lui tendant une enveloppe)* Tenez, pour vous.

La concierge rentre en appelant son chat... Elle ouvre l'enveloppe, qui contient une lettre tapée à la machine par Amélie. Elle la lit.

Madame Walace,

Suite à la découverte récente d'un sac postal égaré lors de la disparition d'un avion de liaison, le 12 octobre 1964, dans la Cordillère des Andes, la Poste a le plaisir de vous faire parvenir la lettre ci-jointe, qui vous était destinée.

Veuillez recevoir, Madame Walace, toutes nos excuses pour ce retard inhabituel.

Jacques Grosjean, Directeur des Relations Publiques.

1 **exécuter** *ici:* faire – 2 **un créneau** Einparkmanöver – 2 **un moineau** Spatz – 3 **faire sa toilette** se laver – 10 **un rideau** Vorhang – 16 **une énigme** Rätsel – 26 **récent,e** kürzlich – 26 **égarer** perdre – 26 **une disparition** → disparaître – 27 **un avion de liaison** Linienflugzeug – 27 **une cordillère** une chaîne de montagnes – 29 **destiné,e** *ici:* adressé – 31 **inhabituel,le** qui ne correspond pas aux habitudes – 32 **les relations publiques** PR, Öffentlichkeitsarbeit

Une seconde enveloppe l'accompagne. La concierge l'ouvre, troublée. Apparaît le papier jauni du montage d'Amélie. La concierge s'assoit lentement sur une chaise et commence à lire...

VOIX OFF DU MARI Mado chérie. Je suis en exil, je ne dors plus, je ne mange plus, je pense sans cesse à toi. Je vis avec la certitude d'avoir commis la pire erreur de ma vie. J'ai renoncé à l'argent et à cette femme. Si tout se passe comme prévu, dans peu de temps, je gagnerai suffisamment bien ma vie pour acheter une maison, et je me prends à rêver que des temps meilleurs viendront bientôt, que tu me pardonneras et que tu viendras me rejoindre un jour. Un jour couleur d'orange... Ton Adrien qui ne t'a jamais tant aimée.

La concierge bouleversée laisse tomber la lettre. En larmes, elle saisit le portrait de son mari et le contemple. Puis elle l'essuie avec amour.

1 **accompagner qc** *ici:* etw. beigefügt sein – 8 **se prendre à (faire qc)** sich dabei ertappen, (etw. zu tun)

15

Chez Dufayel, l'« homme de verre » est en train de peindre, face à son modèle, Le déjeuner des canotiers. Lucien surgit dans l'appartement, chargé d'un escabeau et une enveloppe entre les dents.

LUCIEN Bonsoir M. Dufayel. Tenez, vous avez encore du courrier.

Il tend la bouche et Dufayel saisit l'enveloppe. Lucien monte sur l'escabeau pour changer l'ampoule au plafond.

LUCIEN Vous savez ce qui est arrivé à la concierge ce matin ?

DUFAYEL Une lettre.

LUCIEN De son mari ! Avec quarante ans de retard !

DUFAYEL *(souriant)* Je vois.

Lucien redescend de l'escabeau, l'ampoule morte à la main.

LUCIEN Tenez, elle est fichue. Dommage que les ampoules ne durent pas comme les étoiles… Il paraît qu'on les voit briller encore plusieurs millions d'années une fois qu'elles sont mortes.

DUFAYEL Tu t'intéresses aux étoiles, maintenant ?

LUCIEN J'ai vu une émission à la télé, chez ma mère.

Lucien s'installe à côté de Dufayel, face à un deuxième chevalet sur lequel se trouve une autre reproduction du Déjeuner des canotiers, d'inspiration plus libre, plus maladroite et naïve, mais beaucoup plus personnelle et créative. Lucien se met au travail.

LUCIEN *(se justifiant)* J'aime pas trop les natures mortes, Monsieur Dufayel.

Dufayel regarde le travail de Lucien d'un œil agacé.

DUFAYEL Oui, ben en attendant, tu ferais bien de soigner ta couche maigre. Gras sur maigre, toujours, jamais le contraire !

Ils travaillent un moment en silence. Dufayel jette des coups d'œil de plus en plus agacés vers le travail de Lucien.

LUCIEN Monsieur Dufayel ?

DUFAYEL Hmm.

LUCIEN Dans le journal, ils disaient aussi qu'il va bientôt y avoir une nouvelle étoile dans le ciel.

DUFAYEL Allons bon.

LUCIEN C'est les Américains. Ils vont prendre les cendres des riches qui se font incinérer, vous voyez… ils vont les mettre dans un satellite, l'envoyer dans l'espace, et il va briller comme une étoile… pour toujours.

3 **un escabeau** Klappleiter – 12 **dommage** schade – 24 **soigner qc** pflegen; *ici:* verbessern – 25 **maigre** mager; *ici:* dünner Farbauftrag – 25 **gras,se** *ici:* satter Farbauftrag – 34 **incinérer** brûler; *ici:* einäschern

Dufayel agacé repose son pinceau.

LUCIEN Vous croyez qu'ils vont faire ça avec Lady Di ?

DUFAYEL *(explosant)* Oooh… mais tu me fatigues à la fin, merde ! J'arrive pas à me concentrer !!! Allez ouste, terminé pour aujourd'hui !

Lucien s'en va sans demander son reste.

Dufayel saisit la cassette vidéo et la met dans le magnétoscope. Sur l'écran du téléviseur, d'autres images incroyables et poétiques se succèdent.

Un document des années vingt montrant une jeune Indonésienne dans un étrange ballet face à un cobra fou de rage. Elle parvient à profiter de chacune de ses attaques pour lui déposer un baiser sur la tête.

Sur un autre document du début du siècle, la Reine d'Angleterre est obligée de traverser à pied un champ de boue. Des laquais, marchant dans la boue, peinent pour déplacer deux planches. Tandis que la Reine marche sur l'une, ils mettent la seconde devant et ainsi de suite, de façon à ce que sa Majesté ne soit jamais ralentie dans sa marche.

A la fois amusé et intrigué, Dufayel arrête le magnétoscope d'un air pensif. A ce moment, une voix se fait entendre à l'extérieur.

VOIX D'AMÉLIE Rodrigue ! Rodrigue !

Le chat de l'hôtesse revient en marchant dans la gouttière. Amélie l'attrape. A ce moment, son regard se pose machinalement sur la fenêtre de M. Dufayel, qui lui fait un petit signe de tête. Un instant troublée, Amélie lui répond puis disparaît avec le chat.

C'est la fin de la journée pour l'épicier Collignon, qui rentre chez lui.

Il s'assoit sur son fauteuil, enlève ses chaussures, se masse les pieds, et enfile ses chaussons (ceux qu'Amélie a changés…) A sa grande surprise, ceux-ci semblent avoir diminué de taille, ou alors c'est lui qui a enflé… Collignon, perplexe, se regarde dans un miroir.

Il entre dans sa chambre (où Amélie a changé les ampoules), actionne l'interrupteur. Mais la lumière est bien moins forte que d'habitude. Collignon reste hébété sur le seuil. Sa vue baisserait-elle ? Il s'approche de la lampe du bureau (celle où Amélie a mis

3 **exploser** bersten; *ici:* platzen – 3 **fatiguer qn** énerver ou ennuyer qn – 4 **ouste !** raus mit dir ! – 5 **ne pas demander son reste** sich sang- und klanglos aus dem Staube machen – 15 **la boue** Matsch – 14 **un laquais** Lakei – 15 **peiner** sich abmühen – 15 **déplacer qc** changer qc de place – 17 **et ainsi de suite** etc. – 17 **ralentir** verlangsamen, bremsen – 22 **une gouttière** Dachrinne – 29 **diminuer** abnehmen – 30 **enfler** anschwellen – 32 **un interrupteur** Lichtschalter – 33 **le seuil** Türschwelle

une épingle dans le fil), qui est débranchée. Au moment où il la branche, l'ampoule explose et le fusible saute !

Plus tard, déprimé, il est assis sur son lit. Il appuie d'un doigt hésitant sur la mémoire téléphonique étiquetée : « Maman ». On entend les bips électroniques et une voix répond :

VOIX MASCULINE Urgences psychiatriques, j'écoute ?...

Collignon, la main tremblante, raccroche, saisit une bouteille d'alcool fort (dans laquelle Amélie a versé du sel), et s'en verse un verre. Il avale une gorgée... qu'il recrache aussitôt, au bord de la panique...

Le lendemain matin, à Enghien-les-Bains, le père d'Amélie, faisant semblant de jardiner, attend le facteur, anxieux. Celui-ci arrive, et lui tend une enveloppe, que Raphaël Poulain ouvre tout de suite. Le nain de jardin pose cette fois-ci sur la Place Rouge devant le Kremlin.

Le père d'Amélie, complètement hébété, dépose le nouveau Polaroïd sur le buffet, à côté de l'Empire State Building, du temple d'Angkor, du Kilimandjaro et de l'Hôtel Luxor à Las Vegas...

Au « Tout va mieux », Philomène, l'hôtesse de l'air, s'arrête devant la terrasse du café et fait signe à Amélie, qui s'approche. Philomène lui rend le paquet qu'Amélie lui avait donné. On voit les pieds du nain de jardin qui sortent du carton.

PHILOMÈNE Alors, mission accomplie ?

AMÉLIE Epatant ! Tu ne pouvait pas faire mieux...

PHILOMÈNE Et ça a donné quelque chose ?

AMÉLIE Ça suit son cours...

PHILOMÈNE Et tout cas, je suis prête à recommencer quand tu veux. De toute façon, le mal est fait...

AMÉLIE Comment ça ?

PHILOMÈNE *(souriant)* Blanche-Neige... C'est comme ça que tout le monde m'appelle maintenant !

Amélie ne peut pas s'empêcher de rire.

PHILOMÈNE Je repars dans trois jours, tu peux garder Rodrigue ?

2 **un fusible** Sicherung – 2 **sauter** *ici:* exploser – 4 **étiqueté,e** qui porte une étiquette – 5 **un bip** un petit bruit électronique – 6 **les urgences** *f.* Notdienst – 7 **trembler** zittern – 9 **une gorgée** Schluck (→ la gorge) – 9 **recracher** ausspucken – 12 **jardiner** travailler dans le jardin – 12 **anxieux, -euse** ängstlich – 23 **une mission** *ici:* Auftrag – 23 **accomplir** terminer – 24 **épatant,e** super – 30 **Blanche-Neige** Schneewittchen

16

Dans la rue, Nino pédale comme un fou sur son Solex.

Le voilà au photomaton d'un supermarché, collant sa petite annonce « où et quand ? ». Il en profite pour jeter un œil dans la poubelle, sous le regard critique d'un vigile.

Sous la pluie, il slalome dans les embouteillages. Un autre photomaton, une autre affichette.

Au photomaton de la gare de l'Est, après avoir collé une affichette, il va chercher, à l'aide d'une grande règle, des morceaux d'images coincés derrière un pilier.

Un dernier sprint en Solex et le voilà au peep-show.

Tandis que les clients entrent discrètement dans les cabines, Nino reconstitue la photo déchirée sur le comptoir de la caisse, comme un puzzle. Peu à peu, on reconnaît une jeune femme avec un masque de Zorro. Elle tient un papier à la main : café Au tout va mieux, j'y suis souvent l'après-midi à partir de 16h00.

NINO *(dans l'interphone)* Eva, tu pourrais tenir la caisse demain après-midi ?

Au « Tout va mieux », Suzanne et Amélie sont occupées derrière le comptoir. Amélie, nerveuse, regarde la pendule, anxieuse. Il est 16h10…

Gina sert les clients dans la salle. A sa place habituelle, Joseph a l'air maussade. Il a de nouveau son dictaphone et enregistre des commentaires à voix basse.

SUZANNE *(à Georgette)* Quelle mouche l'a piqué lui encore ?

GEORGETTE Il trouve que je souris trop.

SUZANNE Il te préférerait renfrognée ?

GEORGETTE Avec les hommes, oui…

16h11 à la pendule. Amélie est de plus en plus nerveuse.

Nino est en retard. Pour Amélie, il n'y a que trois explications possibles :

Premièrement, il n'a pas encore trouvé la photo.

Deuxièmement, il l'a trouvée, mais n'a pas réussi à la reconstituer.

Troisièmement, il n'a pas eu le temps d'achever la reconstitution, parce que trois braqueurs avec des cagoules qui sortaient d'une banque l'ont pris en otage. Ils ont semé les flics, mais lui a provoqué

4 **un vigile** Wächter – 9 **un pilier** Pfeiler – 22 **maussade** ≠ content – 24 **Quelle mouche l'a piqué ?** *fam.* Was ist mit ihm los? – 26 **renfrogné,e** missgelaunt – 33 **un braqueur** (Bank)Räuber – 34 **un otage** Geisel – 34 **semer qn** *fam.* jdn abhängen – 34 **provoquer qc** *ici:* être la cause de qc

un accident. Quand il est revenu à lui, il ne se souvenait de rien. Un routier ex-taulard l'a pris en stop et, le croyant en cavale, l'a planqué dans un container en partance pour Istanbul. Là, il est tombé sur des aventuriers afghans qui lui ont proposé de partir avec eux pour voler des têtes de missiles soviétiques. Mais leur camion a sauté sur une mine à la frontière du Tadjikistan, et il est le seul survivant. Et comme il a été recueilli dans un village de montagnards et qu'il est devenu militant Moudjahidin, Amélie ne voit vraiment pas pourquoi elle se mettrait dans un état pareil pour un type qui va passer le reste de ses jours à manger du bortsch avec un stupide cache-pot sur la tête !

Soudain, le visage d'Amélie s'illumine.

Nino surgit, tout essoufflé. Il s'installe à la terrasse et regarde de tous côtés, dévisageant les passantes.

Une belle fille approche. Nino se fige... Mais elle passe son chemin. Une autre particulièrement vulgaire vient vers lui, mais elle ne fait que lui emprunter une chaise. Nino respire...

Pas une seconde, il ne soupçonne que derrière le comptoir, Amélie le dévore des yeux. Elle détaille Nino, ses mains, ses yeux, ses vêtements.

Alors qu'il boit son café, un peu de mousse reste sur sa bouche.

VOIX OFF D'AMÉLIE Si dans cinq secondes, il ne l'a pas essuyée, tout est fini entre nous.

Un... Deux... Trois... Quatre...

Nino s'essuie. Amélie est aux anges... Après une hésitation, elle prend une profonde respiration et s'approche de Nino pour le voir de plus près.

La voilà à quelques centimètres de lui, mais... derrière la vitrine. Nino se retourne.

L'attitude d'Amélie change aussitôt. Simulant une indifférence totale, elle écrit le menu du lendemain sur la vitre : Menu du jour : Œufs mimosa, Veau Marengo, Tarte tatin.

Nino détourne son regard. L'émotion submerge Amélie.

1 **revenir à soi** wieder zu sich kommen – 2 **un routier** un conducteur de camion – 2 **un taulard** *fam.* qn qui est en prison – 2 **le stop** *ici:* l'auto-stop (Trampen) – 2 **en cavale** *(f.)* auf der Flucht – 2 **planquer** *fam.* cacher – 3 **en partance pour** qui doit être envoyé à – 3 **tomber sur qn** rencontrer qn – 4 **un aventurier** Abenteurer – 5 **un missile** Rakete – 6 **la frontière** Grenze – 6 **un survivant** qn qui vit encore après un accident – 7 **un montagnard** qn qui habite en montagne – 8 **un militant** aktives Mitglied – 8 **un Moudjahidin** islamistischer Kämpfer – 10 **le bortsch** une soupe russe – 10 **un cache-pot** Blumenübertopf – 15 **vulgaire** ≠ élégant – 17 **soupçonner** erahnen – 18 **dévorer** verschlingen – 29 **une attitude** Haltung – 31 **un œuf mimosa** un œuf à la mayonnaise – 31 **une tarte tatin** eine Apfeltorte

VOIX OFF D'AMÉLIE Maintenant, il va reposer sa petite cuillère. Puis il va poser le bout de son doigt sur sa langue, pour ramasser les grains de sucre sur la table. Ensuite, il va se retourner lentement, il va me regarder, et là… il va me reconnaître.

Nino repose sa cuillère. Il pose le bout de son doigt sur sa langue. Puis il attrape les grains du sucre et les porte à la bouche. Amélie retient sa respiration.

Nino, comme pris d'une intuition, se retourne lentement. Il la contemple longuement. Amélie reste immobile derrière la vitre.

Nino se lève, et s'approche doucement.

NINO *(à travers la vitrine)* C'est vous.

AMÉLIE *(à travers la vitrine)* C'est moi quoi ?

Nino sort la photo d'Amélie avec le masque de Zorro.

NINO C'est vous ?

VOIX OFF D'AMÉLIE Et là, bien sûr, je vais répondre oui c'est moi.

Et elle écrit sur la vitre : NON. *Puis elle prend une mimique fataliste. Nino déçu, se rassoit.*

Derrière le bar, Amélie se prend la tête à deux mains, atterrée par sa lâcheté. Elle arrache alors un morceau de papier et note quelques mots. Puis elle attrape Gina par le coude et, désignant Nino, lui donne le papier. L'instant d'après, Gina le met discrètement dans la poche de Nino, sans qu'il le remarque.

Après un dernier coup d'œil à sa montre, Nino se lève et s'en va à regret. Amélie tombe au sol comme une flaque d'eau… !

3 **un grain** Korn – 17 **se rasseoir** → s'asseoir – 18 **atterré,e** entsetzt – 19 **la lâcheté** ≠ le courage – 20 **le coude** Ellbogen – 24 **une flaque** Pfütze

17

Amélie est chez Raymond Dufayel et examine avec lui le tableau de Renoir, plus précisément la jeune fille qui boit un verre et les deux hommes debout derrière elle.

DUFAYEL Alors c'est lui, son prétendant ? Le grand type avec un chapeau haut-de-forme ?

AMÉLIE Certainement pas. Lui, c'est un sale type qui passe son temps à humilier plus faible que lui. D'ailleurs, il est en train de le payer.

DUFAYEL Donc c'est l'autre ? Le garçon qui lève la main ?

AMÉLIE Oui.

DUFAYEL *(après un temps)* Elle est amoureuse de lui ?

AMÉLIE *(rougissante)* Oui.

DUFAYEL Moi, je crois que le moment est venu pour elle de prendre un vrai risque.

AMÉLIE Justement, elle y pense. Elle est en train de réfléchir à un stratagème pour...

DUFAYEL Elle aime bien ça, les stratagèmes...

AMÉLIE Euh... oui...

DUFAYEL *(s'approchant du tableau)* En fait, elle est un peu lâche. C'est pour ça que j'ai du mal à saisir son regard...

Derrière lui, Amélie reste sans voix.

Sur le bord du canal St-Martin, Amélie fait des ricochets, utilisant tous les cailloux qu'elle avais mis au fond de sa poche.

De retour chez elle, très troublée, Amélie allume la télé. Deux hommes politiques connus sont justement en train de débattre.

MINISTRE La question est justement de savoir si Amélie Poulain veut rester toute sa vie une jeune fille introvertie.

MEMBRE DE L'OPPOSITION Non, certes. Mais ce n'est pas une raison pour agir sans réfléchir !

Amélie, contrariée, zappe.

Elle tombe sur un film polonais en noir et blanc sous-titré. Deux hommes sinistres sont en train de parler.

SOUS-TITRE DU PREMIER HOMME Pour Amélie, c'est trop tard, Krzysztof.

4 **un prétendant** Verehrer, Bewerber – 5 **un chapeau haut-de-forme** Zylinderhut – 7 **faible** ≠ fort – 15 **un stratagème** List – 24 **débattre** discuter – 27 **certes** gewiss – 29 **zapper** changer rapidement de programmes de télé – 31 **sinistre** finster

SOUS-TITRE DU SECOND C'est vrai, Zbigniew. Raymond Dufayel a tort. Si Amélie échoue, elle ne s'en remettra jamais.

SOUS-TITRE DU PREMIER Non, jamais.

Elle zappe de nouveau.

C'est un documentaire sur les petites tortues qui tentent de gagner le rivage.

COMMENTATEUR *(fataliste)* Il faut y croire, il faut tenter sa chance.

Elle zappe.

C'est Interville. Un concurrent a peur et hésite à plonger dans un énorme tas de lapins gonflables.

COMMENTATEUR *(en riant)* Le plus difficile, c'est de se lancer !

Elle zappe nerveusement.

C'est une émission littéraire.

L'INVITÉ *(excité)* Quincampoix est un solitaire, un collectionneur de l'inutile ! Il se passionne pour les énigmes, vous comprenez... et alors justement, dès qu'Amélie Poulain cesse d'être une énigme pour lui, il se désintéresse d'elle !

Amélie éteint la télé, perplexe.

Dans l'appartement de Dufayel, la caméra vidéo vient se fixer sur Lucien, qui est concentré sur sa peinture. Au bout d'un moment, Lucien lève les yeux et se voit sur le téléviseur.

LUCIEN *(mal à l'aise)* Qu'est-ce que vous faites, Monsieur Dufayel ?

DUFAYEL Dis-moi, mon petit Lucien... pour tes livraisons, tu as toujours les clefs des autres locataires ???

Dans le hall de la gare St-Lazare, Amélie marche d'un pas ferme vers le photomaton de la gare. Assise à l'intérieur, elle ouvre son porte-monnaie et en sort un vieux clou rouillé et un trombone. Après une dernière hésitation, elle les met dans la fente de l'appareil. Puis, elle téléphone d'une cabine.

AMÉLIE Allô... bonjour Monsieur. J'appelle pour vous signaler qu'un de vos appareils est en panne. Non il ne marche pas, il est coincé. *(Mimant la colère) :* Et c'est pas la première fois... Gare St-Lazare, dans la salle des pas perdus... Voilà. Et ça sera réparé quand ?

2 **échouer** ≠ réussir – 5 **un documentaire** Dokumentarfilm – 5 **une tortue** Schildkröte – 5 **tenter** essayer – 6 **gagner** *ici:* rejoindre – 6 **le rivage** le bord de mer – 9 **Interville** une ancienne émission de jeux – 9 **un concurrent** *ici:* Mitspieler – 10 **gonflable** aufblasbar – 14 **excité,e** aufgeregt – 14 **(un) solitaire** (qn) qui aime être seul – 27 **un clou** Nagel – 27 **un trombone** *ici:* Briefklammer – 32 **mimer** *ici:* vorspielen – 32 **la colère** Ärger

A l'Erotica Club, Samantha danse nue sur la scène, devant les glaces des cabines. A la caisse, Nino rend la monnaie à un client qui achète une poupée gonflable.

NINO Je vous mets le gonfleur avec ?

CLIENT Euh... non, non... *(Il sort rapidement.)*

Nino appuie sur le bouton de l'interphone.

NINO Samantha... ? Samantha, tu m'entends ?

L'interphone se met à siffler. Nino agacé se lève. Dans la cabine, Samantha aperçoit Nino qui lui crie quelque chose.

NINO *(de l'intérieur de la cabine)* Est-ce que tu peux me remplacer cet après-midi à quatre heures ?

Mais Samantha lui fait signe qu'elle n'entend rien.

Nino cherche dans sa poche et en sort un morceau de papier où il note : « Peux-tu me remplacer cet après-midi » ? *Et il pose le papier contre la vitre.*

C'est alors qu'il découvre au dos du papier le mot d'Amélie, que Gina lui avait glissé dans la poche.

« Rendez-vous au photomaton de la salle des pas perdus de la gare St-Lazare, mardi à 17h00. »

Il est 17 heures. Dans le hall de la gare St-Lazare, Nino, nerveux, fait les cent pas près du photomaton, qui est occupé. Amélie l'observe, cachée plus loin derrière les présentoirs de journaux...

Un homme est à l'intérieur de l'appareil. On ne voit sous le rideau que ses pieds, portant des baskets rouges avec l'étoile blanche...

Nino détourne son regard de la cabine pour observer les passantes. 17h04. Toujours pas d'Amélie.

Soudain, Nino se fige. Lentement, il se retourne vers le photomaton et contemple les baskets rouges. Cela lui rappelle vaguement quelque chose...Et pourquoi l'homme ne sort-il pas de la cabine ???

Nino approche lentement. On entend à l'intérieur des sons métalliques, comme des bruits d'outils... Nino approche encore, de plus en plus intrigué.

A ce moment, les photos humides tombent dans le réceptacle. Nino y jette machinalement un coup d'œil... et manque de s'évanouir... C'est lui l'inconnu ! L'homme au visage inexpressif !

Nino ouvre le rideau et le découvre en chair et en os !

L'INCONNU Une seconde, j'ai fini.

3 **une poupée** Puppe – 4 **un gonfleur** → gonfler – 22 **un présentoir** Verkaufsständer – 33 **humide** feucht – 33 **un réceptacle** Behälter – 24 **s'évanouir** in Ohnmacht fallen – 36 **en chair et en os** leibhaftig

Il se penche et commence à ranger ses tournevis, pinces et clefs dans sa boîte à outils.

Et voilà. L'inconnu des photomatons n'était pas un revenant, ni un angoissé de la perte des cheveux, c'était juste le réparateur… Un simple technicien qui faisait son boulot, c'est tout…

Un œil sur Nino, l'homme sort de l'appareil, saisit les clichés et en vérifie la bonne qualité. Satisfait, il les jette dans la poubelle la plus proche. Puis il s'en va après avoir jeté un dernier coup d'œil à Nino, qui le contemple, consterné…

Amélie, cachée derrière un pilier, décide enfin de se montrer. Malgré le trac, elle marche droit vers Nino. Alors qu'il ne lui reste plus que quelques mètres, un convoi de petits chariots porte-bagages vient la cacher. C'est plus fort qu'elle, elle en profite pour se cacher.

VOIX OFF D'AMÉLIE Trouillarde… ! Dégonflée ! Pauvre nulle !

Mais, tout n'est pas perdu ! Amélie prend une profonde inspiration, ferme les yeux…

VOIX OFF D'AMÉLIE Un, deux, trois, quatre, cinq… !

Elle ouvre les yeux, décidée. Mais plus de Nino à l'horizon.

Au « Tout va mieux », Suzanne est seule derrière le comptoir. Amélie n'est pas là. Gina vient demander des cigarettes à Georgette pour un client.

GEORGETTE Non mais regarde-le… il arrête pas de me surveiller ! Ça me rend malade… j'arrive même plus à respirer…

Gina jette un œil dans le miroir : Joseph les observe en faisant des commentaires qu'il enregistre sur son dictaphone.

Gina saisit la main de Georgette et la presse.

GINA *(à voix basse)* Courage.

Elle file à la terrasse servir un client. Celui-ci la retient par le poignet. C'est Nino.

NINO *(montrant le mot d'Amélie)* Ce ne serait pas vous qui auriez mis ça dans ma poche, l'autre jour ?

GINA Oui. Mais ce n'est pas moi que vous cherchez.

Nino la regarde d'un air interrogateur.

GINA Elle n'est pas là. Elle a été voir son père.

NINO Et je peux la trouver où ?

GINA *(hésitant)* Je voudrais vous dire un truc ou deux, avant. Je finis mon service à six heures. Vous pouvez repasser ?

1 **un tournevis** Schraubenzieher – 3 **un revenant** un fantôme – 4 **un angoissé** qn qui a peur – 4 **une perte** → perdre – 5 **un technicien** Techniker – 14 **trouillard,e** *fam* ≠ courageux – 14 **dégonflé,e** *fam* ≠ courageux – 33 **interrogateur, -trice** fragend

Dans son jardin, Raphaël Poulain fait la sieste dans un fauteuil. Dans son sommeil, il entend la grille grincer. Quelques instants après, il se réveille. La grille est ouverte. Il se lève pour aller la refermer. A ce moment, il s'arrête, comme pris d'un pressentiment.

Il se retourne lentement : le nain de jardin a repris sa place sur son socle...

1 **une sieste** Mittagsschlaf – 2 **une grille** Gittertür – 2 **grincer** quietschen – 4 **un pressentiment** Vorahnung

18

Au « Tout va mieux », en présence de Suzanne et d'Hipolito, Georgette et Joseph sont en pleine scène.

JOSEPH C'est ça… et le type blond avec une veste en poil de chameau, il est très distrait lui aussi…

GEORGETTE Pourquoi « lui aussi »… ?

JOSEPH Parce que « lui aussi » est revenu trois fois dans l'après-midi… *(il tend son dictaphone et le met en marche)* : « 13h12 : poil de chameau »… *scriitch* « 14h50 : poil de chameau »… *scriitch…* « 16h17… poil de chameau » !!!

GEORGETTE Ben oui… une fois pour des cigarettes, une autre fois pour un billet de loto, et puis… et puis je sais plus moi…

JOSEPH C'est bien ce qu'il me semblait.

GEORGETTE Arrête ! Arrête ! Ça y est ! Voilà mes plaques rouges qui recommencent.

Elle se précipite vers Suzanne.

GEORGETTE Mme Suzanne… regardez… regardez mes plaques rouges… ça recommence ! Il me rend dingue…

SUZANNE *(à Joseph)* Vous n'allez pas recommencer, Joseph !

JOSEPH Si elle avait la conscience tranquille, elle ne se mettrait pas dans un état pareil.

GEORGETTE J'en peux plus ! J'en peux plus ! Je rentre chez moi !!!

Elle sort.

SUZANNE *(à Joseph)* Mais arrêtez de les asphyxier comme ça ! Une femme il faut que ça respire un peu…

JOSEPH C'est ça, on commence par vouloir respirer, et après on veut changer d'air.

HIPOLITO Changer d'air… c'est salutaire…

JOSEPH *(agressif)* Toi, l'écrivain raté…

HIPOLITO Ecrivain raté… destin raté… comme j'aime ce mot, raté… La destinée humaine s'accomplit comme ça, en ratant.

JOSEPH Ça y est ! C'est l'heure du gargarisme !

HIPOLITO Et de ratages en ratages, on s'habitue à ne jamais dépasser le stade du brouillon. La vie n'est que la répétition interminable d'une représentation qui n'aura jamais lieu…

JOSEPH Tu parles ! Je parie que c'est même pas de lui !

3 **un poil** Haar – 3 **un chameau** Kamel – 19 **la conscience** Gewissen – 23 **asphyxier** ersticken – 27 **salutaire** heilsam – 31 **un gargarisme** Gurgeln; *ici:* Rausch – 32 **un ratage** ≠ un succès (→ rater) – 33 **un brouillon** Entwurf – 33 **une répétition** (Theater)Probe – 34 **une représentation** un spectacle (Aufführung)

HIPOLITO Faut pas croire. J'ai quelques idées à moi, mais je finis toujours par me les faire piquer. Comme toi avec les femmes.

JOSEPH Ça veut dire quoi, ça ?

HIPOLITO Que tu devrais peut-être commencer à te faire une raison.

JOSEPH Non mais, parle pour toi, espèce de…

SUZANNE C'est fini ce numéro !?

Amélie entre à ce moment. Elle regarde la scène avec étonnement.

AMÉLIE Qu'est-ce qui se passe ?

SUZANNE Oh, trois fois rien. Georgette est allée prendre l'air, et Joseph en fait un Paris-Brest !

JOSEPH Prendre l'air, tu parles ! Elle est allée retrouver Peau de chamois ! Oui… C'est comme Gina… vous savez ce qu'elle est en train de faire Gina ???

Tout le monde le regarde, perplexe.

JOSEPH Elle prend l'air, elle aussi. Avec un type qu'elle a levé hier à la terrasse ! Je l'ai bien vu moi, la manœuvre en deux temps. D'abord, le petit mot glissé dans la poche de la veste – 16h45 ! Du coup, le mec revient aujourd'hui, à 15h12, ils prennent rendez-vous à 17 et hop ! ni vu, ni connu, ils vont « prendre l'air » !

Amélie devient toute blanche.

Dans la rue, Gina marche aux côtés de Nino qui pousse son Solex.

GINA Ce qui m'inquiète un peu pour Amélie, c'est que je vous trouve sympathique.

NINO Comment ça ?

GINA En règle générale, plus je trouve un garçon sympathique, moins il est structuré mentalement.

NINO Ah bon ?

GINA Et quand j'en trouve un irrésistible, là, c'est qu'il est mûr pour l'asile.

NINO Ça me rassure de n'être que sympathique.

GINA N'empêche, j'aimerais en savoir un peu plus sur vous.

NINO Quoi par exemple ?

GINA Je sais pas.

NINO Posez-moi des questions, alors.

GINA Euh… qu'est-ce que ne fait pas une hirondelle ?

4 **se faire une raison** accepter la réalité – 10 **en faire un Paris-Brest** *ici:* en faire toute une histoire – 11 **Peau de chamois** *ici:* l'homme à la veste en *poil* de *chameau* – 15 **lever qn** *fam.* jdn aufgabeln – 18 **un mec** *fam* un type – 19 **ni vu ni connu** mir nichts dir nichts – 28 **mûr,e** reif – 29 **un asile** Klapsmühle – 35 **une hirondelle** Schwalbe

NINO *(surpris)* Qu'est-ce que ne fait pas une… le printemps… ?

GINA L'habit ?

NINO L'habit… euh, le moine.

GINA Pas mal.

NINO Vous en avez encore beaucoup comme ça ?

GINA Dans ma famille, on dit que celui qui connaît bien les proverbes ne peut pas être complètement mauvais.

NINO Et Amélie, vous la connaissez bien ?

GINA Je commence à la connaître un peu. C'est pas qu'elle soit sauvage, mais faut l'apprivoiser.

Dans l'entrée de son immeuble, Amélie se dirige vers l'escalier, l'air découragé. La concierge, d'humeur euphorique, sort de sa loge.

LA CONCIERGE Ah, la jolie demoiselle du cinquième ! Il faut que je vous raconte une chose invraisemblable. Vous croyez aux miracles, vous ?

AMÉLIE Pas aujourd'hui, non.

LA CONCIERGE *(baissant la voix)* Et si je vous disais qu'une expédition d'alpinistes sur la Cordillère des Andes a découvert la preuve irréfutable que mon mari m'aimait… ?

AMÉLIE Ah bon ?

LA CONCIERGE Entrez donc prendre un petit porto, je vais vous mettre dans la confidence.

AMÉLIE Non, merci. Une autre fois, je préfère rentrer chez moi.

Elle commence à monter les escaliers à pas lents.

LA CONCIERGE Ne vous en faites pas trop avec les soucis. La vie est pleine de rebondissements !

Arrivée chez elle, Amélie ferme sa porte à clef. Elle ramasse les annonces que Nino avait affichées dans le quartier et les jette à la poubelle. Apercevant une dernière annonce, elle s'en saisit et la déchire rageusement.

C'est alors qu'elle surprend l'expression de son visage dans le miroir.

Ce tic de contrariété, Amélie le découvrait pour la première fois. Pourtant, elle le connaissait bien, elle l'avait vu si souvent sur le visage de sa mère. Pour elle, ce fut comme un aperçu soudain de la manière dont elle pourrait mal vieillir. C'était exactement ce qu'il lui fallait à cet instant pour l'achever.

6 **un proverbe** Sprichwort – 10 **apprivoiser** zähmen – 14 **invraisemblable** incroyable – 17 **une preuve** Beweis – 18 **irréfutable** unwiderlegbar – 21 **une confidence** un secret – 24 **un souci** Sorge – 25 **un rebondissement** Wende – 29 **rageusement** avec rage – 31 **la contrariété** le fait d'être contrarié, pas content – 33 **un aperçu** *ici:* Vorahnung – 35 **achever qn** jdm den Rest geben

Elle part dans la cuisine et, pour ne pas se laisser décourager, commence à rassembler les ingrédients pour préparer un kouign-amann. Elle ouvre le bocal de vanille... mais il est vide. Tandis qu'elle casse les œufs dans la farine, elle se met à rêver...

Nino marche sous la pluie puis entre dans l'épicerie de Collignon.

NINO Une gousse de vanille givrée, s'il vous plaît.

Lucien a remplacé Collignon. Habillé comme lui, le crayon sur l'oreille, il en a pris la confiance, mais pas l'arrogance. Collignon, au fond de l'épicerie, soulève des cageots d'un air perdu.

LUCIEN *(souriant)* C'est pour Mlle Amélie ? Je parie qu'elle vous mitonne son fameux kouign-amann. Collignon va aller vous chercher ça.

Collignon obéit tout de suite. Nino repart sous la pluie avec le bocal, monte les escaliers quatre à quatre. Il arrive sur le palier... pousse la porte...

... qui s'ouvre pour le bon dans la réalité. Amélie, les mains pleines de farine, s'interrompt, la bouche ouverte. La porte finit de s'ouvrir... Personne. Le regard d'Amélie descend lentement vers le bas : le chat de l'hôtesse de l'air entre doucement et vient se frotter sur ses jambes. Amélie se met à trembler comme une gamine qui va pleurer. De grosses gouttes tombent dans la farine...

Dans la rue, Gina et Nino marchent toujours côte à côte.

GINA Les premiers temps qu'elle travaillait au bar, on rentrait souvent en métro ensemble. Impossible de lui faire parler d'elle. Elle se confiait plus facilement à des inconnus ou à la marchande de journaux.

NINO Je connais bien ça... quand j'étais petit, j'avais des jumelles.

GINA Des sœurs jumelles ?

NINO Non, des jumelles pour voir. Je les utilisais aussi bien à l'envers qu'à l'endroit, comme ça, je rapprochais tout ce qui était loin, et j'éloignais tout ce qui était proche. C'était comme un réflexe.

GINA Et alors ?

NINO Quand Amélie se confie plus facilement à un inconnu qu'à un proche, elle fait exactement la même chose.

GINA *(montrant l'immeuble derrière Nino)* Elle habite là. Cinquième droite.

2 **les ingrédients** *m.* Zutaten – 2 **un kouign-amann** un gâteau breton – 4 **la farine** Mehl – 6 **une gousse** Schote – 6 **la vanille givrée** une sorte de vanille – 10 **mitonner** cuisiner – 11 **fameux,-euse** berühmt – 13 **quatre à quatre** en courant – 21 **côte à côte** l'un à côté de l'autre – 24 **se confier** sich anvertrauen – 25 **des jumelles** *f.* 1. Zwillingsschwestern; 2. Feldstecher – 28 **à l'envers** verkehrt herum (≠ à l'endroit)

19

Dans son appartement, Amélie, les yeux mouillés, pétrit la pâte avec rage. A ce moment, on sonne à la porte.

Amélie s'approche sur la pointe des pieds. On ressonne.

NINO Amélie ! Ouvrez, je sais que vous êtes là.

Amélie ne répond pas.

Dans le couloir, Nino écoute. L'oreille contre la porte, il entend Amélie qui essaie de retenir sa respiration.

Il sort un papier, et note un mot. Puis une feuille apparaît sous la porte d'Amélie. Elle lit : « Je reviendrai »...

On entend les pas de Nino qui s'en va.

Le papier à la main, elle s'approche discrètement de la fenêtre. Nino apparaît en bas. Il se retourne vers la fenêtre.

Amélie se cache aussitôt derrière le rideau puis, perplexe, retourne à sa pâtisserie.

A cet instant, le téléphone sonne.

Amélie retourne à la fenêtre. Nino n'a pas bougé.

La sonnerie continue. Amélie se dirige lentement vers le sofa et saisit l'appareil, qui était caché derrière les coussins. Elle décroche...

VOIX MASCULINE Allez dans la chambre, Mademoiselle Poulain.

On raccroche. Amélie semble complètement perplexe.

Elle se dirige lentement vers la chambre, et allume. Le cochon de la table de nuit a été placé de telle manière qu'il désigne le bouton de mise en marche du magnétoscope. Amélie, hésitante, appuie dessus.

Le visage en gros plan de Raymond Dufayel apparaît sur l'écran.

DUFAYEL Ma petite Amélie... depuis l'enfance, j'ai pris l'habitude de rester en dehors du tableau, là où les autres ne peuvent pas m'atteindre. Je sais bien que pour vous, c'est exactement pareil. La seule différence, c'est que vous, vous n'avez pas les os en verre. Vous pouvez prendre le risque de souffrir, vous n'éclaterez pas en mille morceaux. Par contre, si vous laissez passer cette chance, avec le temps, votre cœur va devenir aussi sec et cassant que mon squelette. Alors, allez-y, nom d'un chien ! C'est le moment ou jamais, ma petite Amélie... Allez vous cogner à la vie !!!

L'image disparaît, et Amélie reste immobile un long moment. Puis soudain, elle sort de la chambre et se précipite à la fenêtre.

En bas, Nino a disparu.

1 **pétrir** kneten – 1 **la pâte** Teig – 33 **nom d'un chien !** verdammt noch mal!

Amélie se précipite vers la porte ! Elle ouvre la porte et se cogne sur…

Nino.

Comme il veut parler, Amélie lui met une main sur la bouche pour le faire taire. Elle le contemple un moment, puis elle l'embrasse doucement sous l'œil, puis dans le cou, enfin sur le coin de la bouche. Elle ferme les yeux et attend son tour…

Comme il reste immobile, elle lui désigne du doigt le coin de sa propre bouche. Alors Nino l'embrasse exactement de la même façon, au même rythme. Puis Amélie saisit Nino par le cou et l'embrasse fougueusement, l'entraînant vers la chambre.

Le chat de l'hôtesse contemple le spectacle d'un air intéressé.

De l'appartement de M. Dufayel, on voit Amélie et Nino en silhouettes derrière la fenêtre. Raymond Dufayel, satisfait, repose sa longue-vue. A ce moment, il voit sur le téléviseur la même image d'Amélie et Nino… Il se retourne. Lucien, la caméra vidéo à l'œil, est lui aussi en train de suivre la scène… Dufayel se racle sévèrement la gorge. Lucien, gêné, détourne aussitôt l'appareil.

DUFAYEL Mon petit Lucien, ce soir… artichaut-Vizir !

Plus tard, Dufayel débouche la bouteille de champagne que Lucien avait cachée dans le bidon de Vizir. Sur la table, des tartines du caviar sorti de l'artichaut. Ils trinquent joyeusement.

Dans l'appartement d'Amélie, Amélie et Nino sont dans le lit. Amélie se tourne lentement, tendant sa nuque à Nino.

AMÉLIE Fais-moi le train fantôme.

Nino commence alors à caresser sa nuque du bout des doigts, tout en lui murmurant à l'oreille.

NINO *(comme un fantôme)* Houuuuuuuu… Houuuuuuuu…

Un peu plus tard :

AMÉLIE Les gens qui traînent les pieds…

Nino fait la grimace.

NINO Les boucheries chevalines…

Amélie fait à son tour une grimace de dégoût.

AMÉLIE Les barbus sans moustache…

LES DEUX ENSEMBLE Pouaaaaaaahh !!!

5 **se taire** ≠ parler – 11 **fougueux, -euse** schwungvoll – 17 **se racler la gorge** sich räuspern – 20 **déboucher** ouvrir (une bouteille) – 21 **une tartine** belegtes Brot – 22 **trinquer** anstoßen – 33 **(un) barbu** (qn) qui a une *barbe* (Bart)

Un peu plus tard, malgré Amélie qui proteste dans un fou rire, Nino plonge sous la couette, pose sa bouche sur sa taille et souffle en faisant un gros bruit. Amélie crie et pleure de rire en même temps.

Le lendemain, l'écrivain Hipolito marche dans la rue en direction du café. Soudain, il s'arrête, stupéfait : devant lui, sur un mur, il voit, signée de son nom, la citation extraite de son recueil de nouvelles :

« Sans toi, les émotions d'aujourd'hui ne seraient que la peau morte des émotions d'autrefois. »

Hipolito repart vers le café d'un pas léger, se retournant en passant sur une jolie fille.

Dans une cuisine, quelque part dans le Midi, Bretodeau est en train de décortiquer une carcasse de poulet fumante. Il saisit délicatement entre deux doigts un sot-l'y-laisse... et le met dans la bouche de son petit-fils, qui le mange avec appétit.

Chez lui, Raymond Dufayel s'est remis à peindre. Le déjeuner des canotiers lui sert toujours de modèle mais Raymond, le cœur léger, n'en tient aucun compte, il improvise allégrement, façon Lucien...

A Enghien-les-Bains, le père d'Amélie ferme la grille de son jardin à double tour. Une valise dans chaque main, il attend un taxi qui s'arrête devant la maison.

RAPHAËL POULAIN A Roissy.

Dans les rues de Montmartre, Amélie et Nino sont sur le Solex, zigzaguant, heureux comme des enfants.

Amélie cherche visiblement à dire quelque chose à Nino, mais ça ne sort pas. Soudain, elle aperçoit le souffleur de rue, qui derrière son soupirail, lui mime de façon muette : Je t'....

Amélie, soulagée, pose sa main contre le visage de Nino et lui répète la phrase dans le creux de l'oreille.

Nino sourit et accélère...

A ce moment, la chanson de Fréhel reprend : Si tu n'étais pas là...

FIN

7 **une citation** Zitat – 23 **zigzaguer** zickzack fahren – 26 **muet,te** qui reste sans parler – 27 **soulagé,e** erleichtert.

Un film qui rend heureux

Une interview de Jean-Pierre Jeunet (extraits)

Synopsis – *Vous aviez déjà commencé à travailler sur Le Fabuleux Destin d'Amélie Poulain lorsque Hollywood vous a contacté pour réaliser Alien IV. Où en étiez-vous au moment de partir ?*

Jean-Pierre Jeunet – Nulle part, justement. J'avais des tas d'idées, des tas de personnages et de situations. Mais je cherchais le dénominateur commun qui me permettrait d'utiliser toutes ces histoires éparpillées et accumulées depuis des années dans une boîte, sous forme de listes et de collections diverses. Amélie est le genre de film que j'ai envie de faire depuis toujours, un film qui fait du bien, qui rend heureux, qui mélange humour et émotion. Parce que, pour moi, le cinéma c'est ça.

– *Vous parliez d'une boîte qui contenait toutes vos idées pour Amélie. C'est-à-dire ?*

– C'était une vraie boîte. J'y rangeais des anecdotes, des idées de films, des bouts de dialogue, des choses vues dans la vie, des articles de journaux, des listes de « J'aime, j'aime pas », parce que j'adore ce jeu-là... Maintenant, j'ai un ordinateur.

– *Les « J'aime, j'aime pas » sont très présents puisque c'est avec cela que vous caractérisez tous les personnages. Où les prenez-vous ? Est-ce que ce sont les vôtres ?*

– Oui, ce sont les miens. Les « J'aime, j'aime pas », il faut les avoir ressentis à un moment ou à un autre. C'est un jeu particulier. Il faut qu'ils soient très personnels et qu'en même temps ils touchent tout le monde. Si vous dites : « J'aime pas les cacahuètes », c'est nul. Plein de gens adorent ça. Si vous dites : « J'aime bien crever les pustules des emballages en plastique », tout le monde fait aaaaahhh ! Ça évoque le bruit qui claque, la sensation, l'odeur... Ça fait appel aux sens. Les collections, qui sont très présentes dans le film, c'est un peu la même chose. L'obsession de ramasser les photos ratées autour des Photomaton et d'en faire un album, c'est une histoire vraie. C'est un copain qui faisait cela dans tous les Photomaton de Paris. La collection d'empreintes de pas dans le ciment est vraie. J'adore aussi collectionner les idées bizarres. Les rumeurs, par exemple... Comment naissent les

5 **un dénominateur commun** gemeinsamer Nenner – 6 **éparpillé,e** *ici:* über etw. brüten – 7 **accumuler** anhäufen – 21 **ressentir** empfinden (→ sentir) – 23 **une cacahuète** Erdnuss – 26 **une sensation** Emfindung, Sinneseindruck – 26 **une odeur** Geruch – 28 **une obsession** une idée fixe

rumeurs et les histoires drôles ? Ça c'est une question ! L'histoire du nain de jardin qui se promène à travers le monde procède du même état d'esprit.

– *Comment avez-vous collaboré avec Guillaume Laurant ?*

– Notre principe, c'était que Guillaume écrivait toutes les scènes dialoguées, et moi toutes les scènes visuelles. J'ai horreur d'écrire des dialogues moi-même, j'ai l'impression d'entrendre ma voix sur un répondeur. Quand Guillaume écrit un dialogue, il met environ une heure pour une scène, c'est sidérant. Une heure ! Il est archidoué.

– *Comment avez-vous procédé pour construire tous ces personnages qui traversent le film ?*

– On a d'abord fait une liste – encore une ! – des événements qui allaient améliorer la vie des personnages grâce à Amélie. Par exemple, l'idée de manipulation amoureuse qui consiste à dire à deux personnes que l'une s'intéresse à l'autre, j'en ai été victime deux fois dans ma vie ! L'histoire du sac postal, retrouvé après quarante ans dans l'épave d'un avion sur un glacier, est aussi une histoire vraie. Chaque lettre a été acheminée jusqu'à son destinataire ou à ses héritiers. J'étais tombé sur cette anecdote en lisant un magazine scientifique. Des petits événements extraordinaires, il y en a plein dans les brèves des journaux.

– *Votre film fait penser à un conte...*

– Ah bon ? *La Cité des enfants perdus* était délibérément un conte. Mais celui-ci est plus, pour moi, une vision à la Prévert d'une histoire contemporaine. D'ailleurs j'ai relu toute l'œuvre de Jacques Prévert juste avant d'écrire le film. La référence à Jacques Prévert était présente tout le temps... Sa vision des choses est tellement poétique et décalée ! Lui aussi il a des collections et des listes. Son œuvre, c'est une collection de listes de mots magiques ...
Je crois sincèrement qu'Amélie est le film que je cherchais depuis l'âge de douze ans. Maintenant, je vais peut-être me faire moine... Ou ouvrir une pizzeria. (Rire)

Propos recueillis par Marie Marvier, Synopsis, mai-juin 2001

2 **procéder de qc** avoir son origine dans qc – 3 **un état d'esprit** une manière de penser ou de voir les choses – 7 **un réponder** Anrufbeantworter – 9 **sidérant,e** verblüffend – 9 **archi-...** très très – 9 **doué,e** begabt – 10 **procéder** faire – 13 **améliorer** rendre meilleur – 17 **une épave** Wrack – 18 **acheminer** befördern – 18 **un destinataire** Empfänger – 20 **une brève** un article court – 22 **un conte** Märchen – 23 **élibéré,e** voulu – 28 **décalé,e** *ici:* schräg – 31 **un moine** Mönch.

Amélie - le film

Régie : Jean-Pierre Jeunet
Scénario : Guillaume Laurant et Jean-Pierre Jeunet
Dialogues : Guillaume Laurant
Musique : Yann Tiersen

Amélie : Audrey Tautou
Nino : Mathieu Kassovitz
Le père d'Amélie : Rufus
La mère d'Amélie : Lorella Cravotta
Suzanne : Claire Maurier
Gina : Clotilde Mollet
Georgette : Isabelle Nanty
Joseph : Dominique Pinon
Hipolito : Artus de Penguern
Collignon : Urbain Cancellier
Lucien : Jamel Debbouze
Dufayel : Serge Merlin
La concierge : Yolande Moreau
Bretodeau : Maurice Benichou
Eva : Claude Perron

Réalisation : Jean Pierre Jeunet
Production : Claudie Ossard & UGC

La version française du film sur cassette vidéo (VHS-PAL) ou sur DVD peut être commandée auprès de Lingua Video, Königswinter. Tel. 02244/915006, Fax 02244/80412, e-Mail : info@lingua-video.com